U0031064

黃光男　著

# 氣韻生動

## 文化創意產業20講

藝術家
Artist Publishing Co.

# 序一

　　猴年伊始，前政務委員黃光男先生便囑我為其新書《氣韻生動─文化創意產業20講》寫序文，我在農曆新年假期捧讀再三，為其關懷層面之廣，觀察之敏銳，為之沉吟再三。

　　黃光男先生是左手畫畫、右手寫文章的藝術家及作家，每年都有新的作品問世，曾在學界任教，也擔任國立臺灣藝術大學校長多年，治校成績斐然，又曾任臺北市立美術館館長及國立歷史博物館館長，其後在行政院擔任政務委員，可說是在文化教育藝術的理論與實務層面，都有實際的操盤經驗。他在擔任政務委員期間，負責督導教育文化業務的法案審查，在政府部門長達近三十年的資歷，讓他對於臺灣文化創意產業的發展脈絡，都有第一手的思考體悟與真誠的建議。

　　在本書的20講中，可以感受到黃光男先生立基於藝術，以文化人的身分出發，並將文化傳承視為己任，展現出他淑世救國的使命感。在第5篇〈產業之「體」與「用」〉思索文創產到底是經濟體系，還是文化體系時，他的結論是「產業是項民生經濟的整體，它必得其文化價值為體用，方有『創意價值才有產值』的可能」。因此，黃光男先生強調必須在肯定傳統文化價值的前提之下，結合經

濟體系，創造品牌為臺灣加值。

　　黃光男先生的思考，恰與臺灣經濟發展的脈絡契相符合。過去的經濟發展，以工業製造優勢創造了臺灣經濟奇蹟，然而隨著全球化的發展，臺灣的製造業優勢不再，必須回頭檢視並發揚既有的文化魅力，應用於產品、生活、美學中，建立臺灣品牌的價值，讓「文創產」為臺灣創造再次的經濟奇蹟。

　　當然，黃光男先生更是表現了讀書人的批判性，針砭目前文化創意產業政策的問題，並遙指出一個可能解套的方向。同時，他提出必須引入管理、行銷、評量等方法，確保相關政策執行的質量，以求文產創的永續經營。

　　閱讀本書，在黃光男先生的提綱挈領之下，讀者穿梭於歷史、文化與產業的經緯之中，我們一起進入了文化資本成為經濟主要動能的嶄新時代。期盼文產創就像黃先生提出的千年品牌「孫悟空」一樣，以文化為本體，輔以創新創意，為臺灣產業的價值指出永續發展的方向，變變變，七十二變，變出臺灣新希望。

105年2月

# 序二　跨域整合創新是文創產的任意門

　　2000 年後的臺灣愈來愈有趣，不論其原因來自產業的需求、經濟型態的改變或是國際競爭的需要，民間或政府對人才培育的方式確實活潑有趣了些。早期那種業精於勤，荒於嬉的觀念，甚或對於生活上難得的玩興，都是一種玩物喪志的看法，也似乎開始有些轉變。特別是隨著 J. K. 羅琳的「哈利波特」系列圖書銷量及衍生產品，網路遊戲、玩具、主題樂園、電影等創造高達兩千億美元收益，以及 Hello Kitty 曾為日本創下年產值四至五千億美元的年產值等之後，如何從傳統文化深層，舉凡庶民生活、小説、飲食、建築、神話、傳説，藉由創新、美學、科技等之跨領域整合的表現，創造產業發展與就業機會、帶來財富、提升生活品質與幸福感，已成為全民的課題和政府與產業共同的目標。

　　基本上，文化創意產業已成為臺灣的一項全民運動，而我的水墨畫啟蒙老師石坡先生更是國內文創產業的先行者。由於本身是藝術家、擁有文學博士、又是大學教授，其豐富的文學底蘊、美學素養和兼具理性與感性的繪畫創作，當臺灣還存留在以保護對古蹟採「禁止參觀」政策的時期，他在首度任職臺北市立美術館長時，已以行動將館藏或被策展之藝術家作品，結合生活美學形式出版、發行，並於館內紀念品店陳售；初始階段，甚更引發異者為文批評之爭議。及至其轉任國立歷史博物館館長後離開，擔任臺灣藝術大學校長，已創造一億四千多萬元的年產值。他開啟文創產業之風騷，並將臺灣的博物館推向國際舞台，真實進行臺灣藝術的國際交流，成為國內首位奇異的博物館創新經營者，自此臺灣的藝術文化場館經營走向國際。

　　農曆年前，他交代我要為其新書《氣韻生動——文化創意產業20講》為文推薦，文創產業門外漢的我，這項作業讓我食睡不安；但我非常敬佩他，不僅是他博學創新的思維、藝術創作或博物館經營的模式與成就，更是其對臺灣這塊土

地的人文關懷、熱情和使命，都反映在這次的新書內容裡。從文創的運動與價值到人才培育或是文物保護、行銷到文創產的深度與重心，都提出了深具政策和實踐價值的看法。他以文化行銷作為商品推廣內涵參加莫斯科的臺灣商展經驗，說明博物館作為國家實力展現的地方，學校教育應提供文創產教育課程，重視 DIY 和實習課程，培育跨領域整合人才。另也探討文創產如何藉由美感內涵層次的表現，進入文創核心，以及如何將庶民生活作為文創產的重心，都有其獨特見解。這也讓我聯想到臺灣創意數位內容產業等最近在虛擬實境（VR）、體感模擬等沉浸式體驗上的亮麗表現。在國際方面，一篇有關人的皮膚比聽覺系統更能快速掌握節奏感的研究報告，讓德國四位跨領域大學生合作開發節拍器（soundbrenner pulse），於 2015 年在 Indiegogo 以九十九美元一個，快速從樂團群眾募資約二十四萬美金，未來將結合手機，估計有臺幣一億元商機訂單；華碩也主動爭取生產 MIT 師生研發出的世界上第一個家庭機器人 JIBO；或是德國工業 4.0，提供快速、穩定、大量客製化的汽車生產，似乎都隱含未來文創產走向科技化。換言之，未來人才培育如何與科技產業連結，建構結合科技、美學、敘事行銷，培養能跨域整合的人才，可能才是臺灣高等教育面對競爭需優先調整的。

可預期的未來社會，消費行為或許不再是物質的滿足，而是對人性與心理需求的理解，這或許也是西班牙巴塞隆納的聖家堂（Sagrada Familia）從 1882 年蓋了一百多年仍未完成的原因。是以，當你哪天在哈利波特的隱型斗篷內穿著國王的新衣，吃起復仇者聯盟拉麵或哆啦 A 夢的記憶吐司；或是在倫敦國王十字火車站（King's Cross Station）九又四分之三月台等搭霍格華茲特快車（Hogwarts Express），我一點也不意外。這也是石坡先生以《氣韻生動——文化創意產業20講》表達對臺灣文創產業發展最關心的事，令人佩服。

鄭英耀 於高雄西子灣

# 目錄

# 「文創產」運動與價值

〔第1講〕

近年來，對於「文化創意產業」（以下簡稱「文創產」）一詞，不僅是國際間很熱門的名詞，活動也跟著頻繁，並訂定為國家與社會發展的新目標，也成為國力增進的力量。

尤其以中華文化為文創產成長底蘊的運動，聯繫兩岸學者專家與企業合作的契機。在此省思這項政策，的確帶給社會發展的新生力量。

但文創產的意涵，究竟要包含那些條件與環境，則必須深一層理解才能收事半功倍效果。好比「文創產」是要逐句解析清楚再來實現它的理想，應該是項前進的明燈。

文化是生活的整體，其範疇廣濶，舉凡人類生存所生發的需求與經驗，都可以稱為文化現象，或更精簡為被選擇的精要，如藝術創作品所稱讚的文化，似乎有被限定某一範圍的定位；而「創意」來自藝術性的詮釋，也是文化創意標識中的重心，甚至說有「創意」才有發展，才是文創產運動的核心價值；產業呢！也就是要有價值的生產體，才能成就產值的開

---

🖋 文化部所屬之文化資產局，設於臺中酒廠故址，是「文創產」行政處與文創產中心。

🔵 文創產運動，涉及到各個文化教育機構。圖為國父紀念館中山畫廊設置的精緻畫展區，提升藝術產業價值。

展，它所要求的是產值的增強，而不只是一項口號。

換言之，文創產的重點是要有創意的產業，先創立價值才有產值，才是文化衍生的事業。

如此一來當前所強調的文化是否能擴及更廣泛的範疇呢？而不是被鎖定在十五項加一項[註1]的政策，或在兩岸同時存在以工藝、媒體、印刷、設計、影視等狹義的標的。

或許我們從「橫向」審視文創產是否可以包含了科技中的生化、農業、宗教或教育等範圍；而「縱向」是否要檢視傳統文化與記憶，作深度的理解！亦即在文化特質上發揮優質經驗，使之成為文創產競爭的力量。

依此原則，便可歸納出文創產必須具備時代精神，亦即與國際科技的應用，並且擴及產業的多元項目與跨域整合，方能顯現文創產事業的宏大；另則歷史的經驗所滙集於傳統文化當是用之不竭，取之不盡的寶貝，也就是說文化有多深（傳統），產業就有品質，才有產業發展。

當前，國際都在實施創意產業，其宗旨與力量則是在「創意」中的智慧開發。因此，對於智慧財產權極力保護，有時候不惜打侵權官司，其旨就是創意，才是文創意的核心價值，不容他人有侵權（智慧財產權）的舉動。

明確了解「文創產」在於創意產業的實施，也理解有智慧的創意，才有產業的興起，更清楚文創產運動不是口號而是行動。好比設計事業，它不只是室內裝潢也在居家陳設與家飾布置，應用這些元素時，在臺灣每年的產值近三千億之多，若加上生活品質的擺設，其產值就更為宏偉了。

兩岸經濟蓬勃發展，尤其可帶動的文創產項目很多，如社區生活營造、居家品質講究，以及安全學習的向陽工作，仔細審視這些需要，都正為文創產的工程，因為幸福的生活是文創產發展的動力，也是創意行動化為產業的機能。那麼，生活所必需的衣、食、住、行、育、樂，樣樣都在向文創產工作者招手。

　　除此之外，文創產業的精神，是科技也是社會的需要，而甚者，如何應用更科技、更簡易而有效率的行銷，則不能不在資料蒐集與分析上取得先機，好比雲端科技、大數據功效都需要專業人才的投入。此項工程林林總總，豈能不在積極作為中實現。

　　文創產是剛昇起的太陽，有光、有溫度，也有明亮的象限，是一項值得採取有效的方法追尋成功的產業。

---

註 1：十五項加一項：指的是「文化創意產業發展法」第三條。指源自創意或文化積累，透過智慧財產之形成及運用，具有創造財富與就業機會之潛力，並促進全民美學素養，使國民生活環境提升之下列產業，共計十五項，包括：視覺藝術產業、音樂及表演藝術產業、文化資產應用及展演設施產業、工藝產業、電影產業、廣播電視產業、出版產業、廣告產業、產品設計產業、視覺傳達設計產業、設計品牌時尚產業、建築設計產業、數位內容產業、創意生活產業、流行音樂及文化內容產業，以及一項經中央主管機關指定之產業。

[第2講]

# 類博物館的文創商機

　　文創產所提議的創意產業，雖有諸多的範疇與見解，但一項常被遺漏，甚至是被忽略的文創產事業，除了具有博物館所未能發揮的文創精神，更接近大眾生活的「類」博物館，其功效更甚於已被指定或提倡的工藝品類項。

　　什麼是「類」博物館？我們可以簡述它是「類似」博物館，或是「另類」博物館，或者說「列項」博物館。此其一，它有博物館為大眾公共利益的開放空間，以及做為大眾學習的公共場域，卻沒有博物館所列項的嚴肅條件，諸如定期的展示、教育、典藏與研究，必須有大量的專業人員管理與行銷。

　　此其二，類博物館除了典藏、研究等設置外，它依然有教育、學習、休閒的功能，且是開放式、自我感應的場所，不受特定的目的，為生活自由學習的場所。

　　此其三，更貼近大眾生活的場域，包括信仰、節慶、資訊、娛樂的應用與傳達，具備社會發展、歷史傳承、文化體驗的場所。

---

● 承接大眾信仰的廟宇具類博物館功能，計有休閒、學習、信仰與文化傳習場所，是「文創產」實用基地，圖為位於白雞山的行修宮。

● 中正紀念堂的自由廣場，每年有近八百萬遊客，是作為觀光、休閒、活動與生活的「文創產」現場。

　　此其四，類博物館大部分都是集結民眾共識的聚會場所，除了少許管理外，都是義工或民眾自動的團體約束，不若博物館運行要有大量的專業人員進駐，可以節省人力與財力的開支。

　　那麼「類」博物館的定義與具體場所，應該是凡定期或不定期的集合場，包括廣場、紀念地、廟宇、墓園、商圈或事件發生地等等，凡可供民眾自由自動前往參加的場所，都在它的服務範圍。

　　好比宗教聖地、大陸的少林寺、五臺山，臺灣的佛光山、龍山寺等地點，除了有定期的宗教崇拜外，亦被列為文化產業的觀光事業，每年均有百萬、千萬人次前往參觀。有人潮便有錢潮，這是千真萬確的文創產事業。

　　若擴而視之，例如臺灣每年的媽祖祭典，在一星期的繞境就有五十億元的商機。那麼，平時在廟前設置的商店或活動，其供應大眾衣、食、住、行、育、樂的需要，其影響力包含了文化傳承、價值取向與政令宣導，都在無形消費意念下得到滿足。

　　未統計其產值前，我們可以看國父紀念館、中正紀念堂每年有參觀者人數約在千萬人次，或在天安門廣場的人潮，應有人可以精算每年它的文創商機有多大。餘此類推，維也納墓園、大陸十三陵墓地，參訪者近數百萬人次，又是怎樣的景觀，就以名人故居，或名人墓園而言，我們可以理解大陸魯訊紀念館或四川三蘇祠、杜甫草堂、臺灣的林語堂故居，鄧麗君墓園，其每年的參訪人數，其產值之大可想而知。

　　臺灣各處登記有案的民間信仰廟宇有一萬二千間左右，每年香客除了供養香火錢外，以廟宇為中心的生活用品，都接近文創

產所定義的商品，看來是無法精確計算出來，卻是臺灣民間一股再生的力量。

　　文創產有活化生活機能的功能。若以臺灣著名的夜市商機而言，它已很清楚讓人看到文創產事業應注入民間力量，是推動有感的文化政策。而民間自行發展而匯集的商圈，如有可信度的百貨公司，在選材與主題上的行銷，配合季節的更替，以及大眾的需要，提供精彩的日用品展售，所造成的商機，正是民生所需的文創品。甚而成為揚名各國的名店，如日本西武百貨、法國的春天百貨公司等等。提供大眾購物，交誼與娛樂的機會。

　　如此看來，文創產的實施，應該更著重在大眾生活的需求與文化傳承的任務。我們推行類博物館，除了更方便觀光事業的深度旅遊外，提供有內涵、能學習、有目的的類博物館，當是兩岸文創工作者的當務之急。

【第3講】

# 品牌文創產

文創產事業大致都注重產品類項，諸如臺灣把文創產的範圍訂定十五項加一項的內容，屬於表演藝術、視覺藝術、科技藝術與綜合性藝術的產業，看來屬於工藝類者居多，而最能發揮綜合性的文創產應該是影視藝術的製作，以及產品設計的提倡。種種內容與現象在此不予贅述。

倒是一項產品創意與通路的品牌建立，常常被忽略，甚至覺得它是一種行銷方法，並不是文創產本身的重大發掘與創意。殊不知品牌的建立是產業的理想與目標，也是文創產事業首要的選擇。當文創產經營者將創意加值於產業時，便有「先建立價值才有產值」的可能，此時的產業品牌究竟要鎖定在那個層級上，是分層、分階還是大眾民生的消耗品？當然有關的法規必須研究清楚外，對於民生利益與幸福的產品是不容忽視的。

我們在這裡想起比利時的水晶玻璃產品，除了在產品裡不妄加有害大眾的添加物，如鉛、汞的比例都要講究；相對來說維也納的巧克力

---

🔵 歐洲商行處處以名人作為產品標記的現象很普遍。圖中以莫札特肖像作為巧克力圖記，成為食品名牌，行銷全球。

🔵 日本藝妓是日本文化的名牌。圖為京都祇園成員的表演，不但是可追憶大和民族的表演藝術，也是日本傳統文化的象徵。

更注重食安條件；或許說德國的汽車產品、瑞士刀的品牌，哪一項不具備了使人喜愛又放心接受的條件呢？

餘此類推，作為MIT的各項產品，其食、衣、住、行、育、樂的生活必需的創意產業，如：臺灣小吃風靡觀光客，臺灣衣飾除了有諸多設計師外，運動服飾、旅遊著裝也是國際有名，居家的設計師包括建築師老一輩的王大閎、貝聿銘，年輕一輩的姚仁喜等名家為臺灣創立多少商機，有如捷安特、富士霸王都是臺灣產業的驕傲；至於育樂休閒，風行的不只在臺灣、大陸，李安、侯孝賢他們不都是佼佼者嗎？其他有名的藝術創意者不勝枚舉，才有美好當前的成績。我們再看看二十餘年前曾聽誠品創始人吳清友先生，談到藝術居家與品味結合的事業，今天稱它為文創產時，「誠品」不僅僅是象徵閱讀的高品質者，也是物流、建設事業的典範。而「旺旺」食品在發展事業時，力求產業與生活的結合，至今不僅是風行全球的食用美味，「旺旺」二個字已深入大家的耳目中，旺旺產品乃旺旺人生的比擬。

若要再以科技產業為例，這項文創產還有無限的空間與時間，幾乎日新月異，如蘋果、宏達電、大哥大的品牌會令人炫目與追索不及。

最近臺灣為了發展觀光文創產，各項設施均有精要的研究，並且成績斐然。例如農業文創產，以臺南花卉節、高雄玉荷包荔枝、燕巢的大棗子、屏東的黑金鋼蓮霧、旗山的香蕉等品牌風行全球；另如嘉南地區的虱目魚，其聲名達播，如此品牌提倡與行銷是最具力量的事業；又如宗教文化產業，內政部正積極努力於各處提倡簡潔儀式滲入信仰，以為結合歷史故事和民

生品味的廣場與膜拜中心，並從中選出具歷史文化的裝飾與故事匯集成冊，以為推展。

至於教育文創產，如廣徵海內學生來臺就讀並加強學術教學品質的提升，務必使學校在國際競爭力榜上名列前茅，以為教育品牌立名。

總之，臺灣文創產業已達精確狀態，超越前進與利潤的要求，再配合成熟的品牌行銷創意，正是無限的商機，獲得兩岸文創產事業雙方學者專家重視與合作。

倒是兩岸共同設立品牌基礎上，除了具備悠久的中華文化體質外，兩岸有一個已流傳近千年的品牌，那便是孫悟空這位齊天大聖，足夠代表兩岸共同記憶與心聲，猶記當年俞國華夫人董女士說：「孫悟空猴七十二變，印度也有神猴卻只有三十六變。」，可見牠神出鬼沒，創意無窮，作為文創產的共同符號，豈不快哉。此論言猶在耳，倘若兩岸的文創產機構，不論是官方或民間，可否考慮以「孫悟空」作共同發展文創產的品牌，也是名牌則千古合一，大文化之國可喜可賀之餘，中華文創產業可大矣！

# 文物保護與維護的產業

〔第4講〕

當觀光產業成為國家產業資源時,文物的保護與維護便成為文創產的重點。

文物保護顧名思義乃指受到「文資法」約束的文物,除了要蒐集具有歷史、文化意義的文物外,任何人不得隨意破壞,並得有報備的過程方能准許轉移或買賣,細節規定在此不議。就大方向來說,文物之所以要被「保護」,必有它的時空意義,做為文化傳承與民族振興的雙重功能。

尤其看到文物的類項便能在歷史上看到當年的庶民生活狀況,亦可以推演達官顯要、販夫走卒的生態歷史,進而從實物中體會文化源遠流長的張力。因此,每一個國家或地區均有蒐集文物、保護文物的機構與方向。進一步說,文物「維護」,有實際維持文物的永續存在的意義。它在維護的過程中除了將文物分門別類歸納一隅外,對文物考古有更為精密的研究,方可達到精益求精的目的。

文物維護更積極在技術採用科學技能,促使文物「修舊如舊」、「修新如新」的技法,

---

西方國家注重名人出生地,以供後人憑弔,並作為文創產業的古蹟現場。圖中黃色宅室是奧地利薩爾斯堡城市,莫札特出生地。

古文物保護與維護,是歷史的見證與社會進步的元素,可供考證、學習與發展的資源。圖為震旦博物館典藏之漢代陶室模式。

方能不失文物的原相貌，使之具備文物所處時代的生活狀況，例如宋代林園修草要有飛簷走壁之勢；宋畫要有宋代紙質的補給與應用；宋代端硯、汝窯又有何特色都得在維護與修護之間增強其效能。

前述這兩項工作都是文化創意產業的範疇，尤其我大中華具有悠久優秀的歷史，對於文物的重視，不論是保護或維護都需要下很大的工夫，其中作為大型的建築群，如中國古代宮殿、長城或各地城門，多少都有它修建的歷史文化，也能說中理解兩岸歷史文化的衍生與一體通用。見證中華文化的外在宏偉；另則是文化傳承的書冊、畫件或文件，更多在闡述中華文化之所以成為優秀民族的內在原因。

這些有形的見證文物，是給予世人最直接的視覺感官，若加上其內容中的故事，則更影響世人對中華文化的興趣，這也是外來觀光客旅遊的重點。大陸每年有近二億人次的客源，臺灣有一千萬的遊客，他們來觀賞的是中華文化豐盛的文化內涵，以及可以學習到歷史給予的文化張力。

因此，臺灣除了有文資局統籌文物的保護並維護文化外，臺藝大、南藝大、師大等都設有文物維護學系，大量培養這一方面的專業人員。中國大陸亦設文物局統理全國文物的開拓（考古）、保護與教育的功能，以應運國際間「文化是軟實力的大宗」理念，積極推展文物維護的責任。

我們在此可以舉出如宋代古商船的出土，更證明宋代工藝藝術的精到；也可以看在澎湖將軍一號的陶器浮現，成為澎湖海下博物館的重心。更甚者我們看多少專家人員兢兢業業修護

四庫全書，在裱畫桌上細密修護古書畫等等除了說明日趨重要的文物保護與修護外，更強調這些文物「身分」認證，使古文物原貌呈現，才符合博物館從業人員之所以保護文物的心情，比自己的生命還重要的道理。

文物被整理或發掘以後，通常歸屬國家財產，也是人類所共有的資源，若沒有細心的保護，那將功虧一簣，也使文物淹沒、歷史斷裂。國際間這種例子很多，使人感受問題的嚴峻。因此，除了積極培養此項人才外，國家、社會必需投入更大的努力來保護文物、維護人類的精神產業。

由此可知文物保護與維護一刻不能緩慢、救急救物固然是首要的行動，如何規劃所搜集到的文物陳列一處供觀光客參觀學習，則是一份必要的專業工作。因為一個國家的強盛與否不僅僅在武力炫耀，更重要的是「要看一個國家是否偉大，便要看它文化是否偉大」當今法國、英國、西班牙其文化體便在這種氛圍上著力，每年的觀光遊客計數千萬人次，所帶來的經濟效益就不可忽略。

中華文化是東方文明的代表，是文物豐富、文化強大的國度，其文創產更有深不可測的資源。大家一齊奮勵吧！

【第 5 講】

# 產業之「體」與「用」

一般生產事業的發展，無非在人性的需求上有個價值分野，或做為社會發展的理想，那便是事業選擇的核心價值——即為文化體之應用，以及它周邊效能——亦是生活之實踐。

廣而言之，產業的文化體往往是企業前進的目標，必然在人性共同意識的唯精唯一處細緻追求。然在實施的方法上則有棄其糟粕，取其精華的策略，才能在人性需求感應現實。

此原則應用在文創產上便有文化與產業的問題存在，「允執厥中」的衡量，這意涵便是創意的部分，因為創意形式有多元呈現，可歸類二項。其一是天南地北思想無限，明明還沒條件讓火箭升空，卻大聲嚷嚷要請嫦娥到地球講演，那是不能完成的事；其二是在多方思考下考量可能完成的事，從中找出原理、原則的突破，使理想變成真實，這才是創意的本質。猶記六十年前我有位物理老師說：「未來的電話是無線的，並且可有影像相對話」，當時以為老師在說卡通，他的解釋我們聽不懂，沒想到今天人人都能享受這份便利，不知這位楊老

---

🖊 維也納古街坊，陳列精緻生活用品，既得藝術創意，又能展現生活品味，令人見之喜氣洋洋。

➡ 藝術美是「文創產」的本體，美學教育則是「文創產」的元素與真實，圖為維也納國立應用藝術大學博物館的教育場地。

師是否就是發明手機的人。

那麼這二則思考作為文創產事業的「體」與「用」時，是否也能把文化與產業的關係再密合一起呢？為何要強調文化，應該是「文化就是人類生活的經驗與選擇」是項博大精深的知識體，也是歷史的、社會的發展軌跡與價值。由此而言，文化尚可再精簡為「藝術」，因為「藝術」已包含了「棄蕪存菁」的存有，它本身是具備「種子成長」的技術的藝術，它是文化的菁英處，反之文化代替藝術，則較有廣闊的解釋。然這項「體」，究竟有多少明確指涉，或說它可能是一種思想、一份感情的知識，也就是智慧滙成的光亮，人前提燈、人後顯影，指導人生存在的意義。

而產業的「用」該是利潤的取得。其中物質的擁有，包括食品享受居家的適切，或交通的便利甚至健康的要求。更具體地說，產業要賺錢，要聚富要有更不致匱乏的目的等等相關的生產方略，好比行有車、食有物、住有屋、衣可穿、進而娛樂、學習都屬於用的範圍。它必須在成本計算與利潤之間有個平衡機制。

社會現象對於文化的「體」和「用」，正是產業發展的重點，文創產直指幸福社會必在這一範圍內多加努力。但這項政策公布之後，仍然很多創業者做不到精確的方法，以致人人喊文創產，卻在創投間發生諸多困難。這項原因無他，便是對文創產有過太多的幻想，對實際行動則在遲緩前進，反觀是西歐沒有文創產口號的國家，例如德國的各項工業產品源源不絕出口；法國的多媒傳播與法式各項產品，只說是名牌，大眾就趨之若

鷟；而英國、比利時呢！就不免提得太多，披頭四爵士樂的風行至今不墜……。

我有種感受就是文創產的執行單位是否有不明的地方，它是屬經濟體系，還是文化體系？據稱韓國在這方面的成就，就因為韓國外交部為了文化外交提出傳統韓國作為影視體材，並以明確行動方案力求品質的保證，並在它舉辦奧運會前，能讓全球的大眾了解韓國的文創產。

相對來說，中華文化在兩岸發展遠超過韓國劇《大長今》中的飲食文化，而東方主義在兩岸來說各具獨自的特色，為何我們總在他人成功後說風涼話呢？產業是生活所需，文化則是產業的附體與動力。

古諺：「書畫琴棋詩酒花，當年件件不離它，而今七樣都更改，柴米油鹽醬醋茶。」的第一句若是產業的「體」，提供人文精神價值與休閒中的書畫，是個千年不衰的文化產業，琴棋又是可娛樂之項目，至今日、韓文化保持功用，而詩跟吟唱可提升文化深度與修養，那麼酒文化與花文化，不也是一份高雅的生活品味嗎？第四句中的柴米油鹽醬醋茶，看來是生活的「用」途，其實正是實踐產業增值的項目，而茶又具備一項飲食文化的首選，與西方的咖啡文化可相提並論，日後將再詳其文化產業的魅力。

產業是一項民生經濟的整體，它必得其文化價值為體用，方有「創意價值才有產值」的可能，兩岸的文創產工作者，尤其是教育單位，豈能不加重視。

# 古蹟保存一本萬利

【第6講】

　　文化的累積是文明進程的結果。文明是人類生活改善的成效。而古蹟的存在確實是文明的見證，也是文化層次的光點。

　　在臺灣，從臺北城門的存在便明白臺北發展的脈絡，它確實證明中華文化在此衍生的狀況，例如北門建城風格與景福門等門就是不一樣，卻與新竹東門、臺南億載金城、恆春古城門接近，若對於文化考古有所認識，便能了解臺灣文化發展的軌跡。

　　除了這些城門外，我們可以從淡水古蹟博物館開始，往南審視，包括龍山寺、城隍廟、保安宮、孔廟等的古宅建築，體會先民們在此立基的社會現象。

　　擴及新北市的慈惠宮，或是各地的媽祖廟到屏東南端的土地公廟，尤其香火鼎盛的朝天宮、大甲媽祖廟，祂們大約近三、四百年的歷史，只要翻翻史料也會了解臺灣民間信仰的虔誠。

---

🔷 維護古蹟就是保護文化遺產，可作為文化傳承、生活開發的憑藉，圖為高雄市陳中和先生故居。

🔵 座落德國南部的巴伐利亞郡附近的新天鵝堡，是歐洲建築城堡的精品，也是迪士尼造景的原型，更是音樂家華格納的理想演奏處。城堡充滿文學、藝術氛圍，更是一年百萬遊客的參訪地。

　　至於鹿港辜家古宅、林家花園、潛園（已不存在）或是林本源園邸，以及陳中和洋樓等，亦可重現這些成功企業家的身影；或者再看基隆港、高雄港的外國攻占地域的建築，也能明白臺灣並不缺乏國際活動。

　　談談這些古蹟後再印證三合院、四合院的連建群或頗具視覺特色的客家宅、原住古宅，便能更了解歷史的發展與衍生，在在呈現臺灣社會與民眾在此胼手胝足奮鬥的痕跡。

　　那麼，我們的教育、我們的學習在此原存實物，就不必說得口沫橫飛的讀它一百遍。

　　古宅古蹟的存在，不只代表該地區或國家的文化現象，更是最好的國家宣傳媒體資料。

　　時下旅遊世界風氣昇盛，遊客已不只在「購物」名牌搶先外，更重要的是溫故知新的參觀古蹟或博物館，從中學習國際不同的文化，並體驗各地風俗習慣的趣事，以引發知識再生的樂趣。

　　例如在瓜地馬拉、墨西哥的馬雅祭壇，當從山縫小徑尋覓這些祭壇時，便會被一股幽幽之情懾住，進而聆聽有關馬雅文明的故事，諸如祭天以人為祭的身分必須是在球類運動（類似籃、足球規則）的勝利者，才能光榮祭天，以及為了親民，國王與王后每年都得在生殖器插血溶水與大家共飲，這種習俗當然讓人覺得不可思議，但文化的張力也在這樣神祕中出現。

　　又如古希臘是西歐的文明源頭，女神廟是愛情的建物，還是神祇的一部分？在宏偉的廊柱外，所出土的人體造像便可窺見二、三千前希臘文明的優秀；乃至西方的古堡、教堂或是道

觀、墓園等古蹟似乎都有一段不朽的故事，尤其是皇宮的建立，至今仍然可體會感佩其凌厲的氣勢。

　　包括中國大陸的紫禁城、十三陵、長城等古蹟，任誰都想知道多些它存在的故事，有故事就有歷史，歷史就是傳統，傳統就是文化。

　　半世紀前聯合國有決於古文明所依存的古蹟之重要，訂定了世界遺產指定的條件與標準，同時開啟世界文明的象徵，可增加人類閱讀古文明與歷史的機會。因此，各國竭盡心力加強古蹟的維護或修護，除了可保存國家的元氣外，對於發展觀光事業是一本萬利的。

　　記得廿幾年前到古巴，在哈瓦那，第一次參訪這個古城被指定為世界遺產時，手舞足蹈地想像古文明的過去與現代，它的文化張力令我印象深刻，日後再參觀了羅馬古城、巴黎聖母院、英國倫敦塔時，便回想中國古蹟更多、更精彩，以文化開發來說不論是人文世界遺產，還是自然景觀，已躍成世界第一位。

　　只因為古蹟是傳統文明的見證，具備人類生活進化史，也是深層的文化傳統，足夠提供當下國際遊客的參訪地點。

　　餘此類推，傳統文化越深越久，它的文化體更多更廣，對於文化創意產業，也可達用之不盡取之不絕的境地。

　　相對而言，除了文化創意產業借為創意素材，「周雖舊邦，其命維新」便是文創產值的保證。

　　我在想世界上如果消散這些古蹟，它的歷史、文明與發展將隨之萎縮，遑論文創產的提倡。

〔第7講〕

# 聚集人潮是文創產的第一步

　　聚集人潮是文創產的第一步，也是作為文創產品行銷的開端。因為有人潮就有錢潮，文創產是在成本與利潤之間的關係，必須在產值上提高利潤，所以需要人潮來助長聲勢，並得到豐盈的利益。

　　但是吸引人潮並不一定是文創產的目的，也不是文創產的成功事例，因為有人潮的地方，大致是看熱鬧成分比較多，它有點兒像是趕集的性質，當然要說趕集的地方也是文創產

文化部文創產五大園區之一的華山文創園區之營運，已成為眾多訪客的參訪基地，人潮聚集，開創產業之先鋒。

上海新天地，對於藝文活動具備創意、創新文創產園區，作為文創產業與文化休閒有積極的開發功能。

的部分基地，有產品在此行銷的機制，甚至定時據點習慣了，大眾也會把這樣的集會看成一種消遣或娛樂的地方。有如此說法時誰說聚集人潮地方，不可是文創產業的雛型。

可是話說回來，若「人多勢眾」是文創產，那麼凡是遊行示威或臨時借場地的地方，何處不是人潮洶湧，何時沒有喧譁之聲。因此聚集人潮可以說是文創產的第一步，至於如何走下去，則有賴政府與民間共同努力方得其功。

在臺灣人潮聚集地方可分為三個類型，一是廟宇廣場，作為信徒膜拜之處，尤其逢年過節，必有大量信眾聚集，來此燒香祈

福。隨之而來的是為生活的小販搭建臨時商店，或表演民俗，看來也有文創產所涵蓋的範圍，好不熱鬧，年復一年地傳承下去，據臺灣廟宇數量有一萬一千多個登記有案的合法公共造神處，它在人潮聚集時是有商機的。

二是夜市，雖然是夜生活的休閒地方，大夥下班後，邀約三五好友聚會小吃，一家結束再選一家，家家樣式多消費額不高，且物美價廉，造成臺灣人情的抒發處，間接也成為國際遊客最喜歡光顧的「夜店」。相對在攤販之外，有民藝表演、工藝產品也在此展售，使此「夜店」成為臺灣文化的一項特色。

三是政府開發委外經營的文創園區，在政策的引導之下，有系統訂定營運的標準。事實上立意很好，執行不易，且在「利潤」的追求下，有實際上的難度。要理想它必須是輔導文創產商的投入心力，並開啟文創產事業的傳承，但等廠商能夠有利潤可圖，則不是一件容易的事。再說投入文創產事業的大老闆，就砸在空間整理的金錢，如投入而沒有實際的回收，還得負擔人事費、場地費等財務，經營力道便易朝向商業化道路，而可以預見的是辦活動，每週或訂期有各類文藝活動，包括飲食、衣飾商店等等，很符合大眾生活的需求而且人潮滾滾。但文創產的成效則還要等待來日天晴時的實際運作，方具正軌。

或許我們可審視兩岸相關的文化園區，是否有如上述的困境，或者與政策旨意不合！那麼，我們再依「文化創意產業管理條例」中，看看是否有更正確的見解。例如提供場地免費或低租金，使要進入園區做文創產事業的廠商容易租借，並輔導該廠商招攬學員，在此培育人才，並生產文創品，進而推行社

會對文創產事業的興趣。舉個例子，政府或廠商提供畫廊展售有水準的作品，使高層藝術有再精進之機會；以及開設文物修復中心，教育學員，服務藝壇，使能保存最佳的藝術品；至於手飾禮品店或工藝商店的訂件，是因為園區內有創作的工坊，使大眾能有親身體驗的機會……。

此時若人潮再增，便是文創產成功之時，因為園內應該是工作室，工坊或廠房，是現實品的研究、製造、販售、行銷之處，而不僅是小吃、衣飾或丟圈圈遊戲的場所，它可以是國家「創意」中心，也是文化加值後的產品，不論是出版業、設計業或家飾陳設業，成為可提供資源的地方。

或能夠成為國家軟實力的展現場所，包括常駐的媒體作為行銷通路，3D動畫製作遊戲節目或成為學術發表的場所。在橫向結合百業的開發者；縱向從傳統與歷史中銜入文化深度的現場。

人潮洶湧是文創產的第一步，隨著這一步、再踏第二步、第三步，步步驚喜，百業興盛，便是文創產事業的成功之時。

# 尋覓文創產專業人才

【第 8 講】

　　文創產工作者，有各類人才應用。或為計畫主持人，或是專題產業的執行者，甚至是行銷、媒體或科技專業應用者。

　　在沒有文創產名詞出現前，創意產業就是臺灣社會的重要資源，其中風行全球的「臺灣精品展」就有很強勁的成績出現，同時帶動臺灣經濟的發展。

　　我躬逢其盛，當年參加在莫斯科舉辦的臺灣商展，就以文化行銷作為商品推展的內涵，而且得到很好的效果。其中在開幕時以畫家身分演示臺灣水墨畫作為文化創意的元素，包括絲巾設計、版畫印製、目錄編印，以及紀念商品的設計，在在成為產品文化的重點，促使臺商得到很好的成效。

　　當年在尋覓可以配合又符合經濟利益的畫家固然不少，但有文創產觀念又具備專家Curator的研究者，展示者的專才卻不是很普遍。我因為有美術經營運作的國際經驗，又能當場示範作品因而隨行，使臺商與會者順利進行推展的工作。

---

🖌 「文創產」人才具多元性、跨域性與專業性的修養。圖中自左至右是銀行家、音樂家、美術家與傳播媒體工作者參訪達克斯坦山（Dackstein）時，討論自然景觀作為文化休閒產業的品質。

🖌 產品設計者與產品使用者，均得在美學與造景之間有專業的才華，才能在產品行銷上得益。

　　這項記憶的浮現，乃基於近日有業者規劃來臺稱為名家名作的展場發生意外，才想到文創人才的專業應該要有怎樣的修練或經驗，才可以放手一搏，力爭前茅。

　　試想：畫作的展出，有很多的專業工程就以 Curator 來說，他除了要具備該展示美術史發展脈絡的知識外，對於展場安全、視覺與燈光、溫度都要有一定的經驗，甚至要有嚴格的訓練教育才能擔當大任。

　　根據 ICOM 組織主旨，文物的安全超越其他，務求完美無缺。試想一張名家畫作，既是名家的真跡，得有美術史傳承的地位，被邀或參加某一項展示時，是否已訂定展出的時機與位置！是否有足夠的張力彰顯該名家的成就與地位，展出的環境安全嗎？包括恆濕恆溫的控制，以及布置場地的美感、燈光調適，與觀眾視線仰度是否適當等等，均是一位專業人員必備的常識。

　　一張難得的名畫要公示於大眾前的安全配套，不能有一絲一毫地疏忽，得有反覆的思考過程才能在「保險」安全條件下參與展出作業。例如展場內外的環境，其中進場人數的控制，或參觀動線的規劃，以隱藏性的紅外線與有形的隔離措施都在精密的設計中，要求安全人員視需要有定點或移動進場，甚至有專門警衛嚴守畫作的安全，至少在可以事先想到的安全因素能被採納，即如：觀眾不能帶著原子筆、墨水筆進場，只能帶著鉛筆以為筆記用，而飲料、咖啡、茶水更要被管制。有些名作因版權或閃光有害觀賞與損毀之虞時，也常被提醒尊重畫作「出場」的秩序。

　　我曾再三被詢問國外博物館觀眾的觀賞經驗，看到在名畫之前的警衛安全設施，其中過多的觀眾的呼氣也被考量，人多時得排長隊伍進場，以免成為不可消受的碳氣炭化瀰漫⋯⋯

總之博物館的 Curator 地位是專家也是文物保護者與行銷者，是最被重視的專業人才。而博物館是作為國家實力展現的地方，它對於文創產的貢獻是深厚的。

　　提出這一看法，事實上是因為社會迷失在一種企業利潤時，往往以為「文創」人才俯仰皆是而沒有計畫性的長期培養，以為只要有補助方法或是三五好友志同道合，開個某某工作坊就能得到好成果，這是很不負責的想法。

　　雖然有裝備環境，提供資金，協助行銷，招攬工程，輔導就業，或專設「育成」中心的各項過程，理應有具體的成效出現，卻因人才難免訓練不足，包括學校設立系所重理論少經驗，被委託或提案承攬專案卻只能在「制式」的報告反應出四平八穩的得案或被委辦。這種消極式的氛圍一直瀰漫眼前，歸根究底也是文創產人才難覓。

　　我的看法是除了各類學校，應有文創產教育課程的規劃，尤其應該重 DIY、少些背誦名詞，或設有廠商名作的實習課程，務使專業人才提早出道才能使這一方面事業有積極功能。

　　我曾在臺藝大服務，曾有五十餘廠商願意實踐這個理想，學生畢業必須選擇實習課程，以為畢業即就業作準備，一則鼓勵藝術專業人才受到充實的教育；再則是「創意」在師徒制下與實務學習中，更有學以致用的成果。當然這些方案仍然還在實施，卻已看到多媒人才、工藝人才、修護人才，以及行政人才等悄然浮出枱面，就以李安先生導演《少年 PI 的奇幻飄流》的製作，臺藝大師生受予工作的成效也被肯定。

　　文創產人才的專業人員：選擇的策劃人、行銷人、原創人、發明者、繼承者中的傳播印刷、美術、電影、表演、音樂、文學或科技人才的培育，是應該被重視與選擇的工作。

# 觀光事業是最大的文創產

【第9講】

在此再強調一下，觀光是文創產最大的產業。因為之所以被遊客喜愛的國度，它必然是社會安全、人文薈萃、交通順暢、居所方便，並具文化特色與國際時尚。換言之，觀光事業是國家的軟實力，只要各項設施設備完善，又能物美價廉，訪客必然絡繹不絕。

卅年前我任美術館館長，有機會到世界洽談公事之餘，便仔細觀察法國、美國、英國、德國、日本的觀光設施。發覺臺灣的環境包括民主自由、文化底蘊的社會，足夠發展觀光事業。當然有識之士早已在這方面規劃，並努力朝向觀光事業的國度前進，雖然尚很多的軟硬體配合未達理想，但以臺灣的特殊環境亦然有被參訪的條件。例如說觀光項目除了欣賞自然風景或人文景觀後，最精到的觀光地點，應該是博物館的營運。

當然國立故宮博物院，是來臺觀光的第一首選，當下仍然是歷久不墜的文化遊旅的亮點。然而現代性的美術館只有臺北市立美術

---

📝 已列入聯合國教科文組織指定為文化遺產的哈爾史塔特（Hallstatt）是個數百年前的奧國古城，風景優美，山湖相映，觀光客帶來文創產業收益不可勝數。

📝 維也納古典教堂前置亨利·摩爾現代雕塑，古今輝映，又近愛樂音樂廳，觀光參訪遊客每年近八百萬人。

館，且初立期間典藏不足、專業未達理想，且沒有臺灣或國際有名的典藏，所以來館參觀人數不多。此外，在臺中的國立自然科學博物館晚些成立，以及南、中部的現代性美術館也和臺北一樣都在「準備」的狀態。雖然時至今日，各類各單項美術均以達到應有的國際水準，也普受歡迎，但仍以故宮為馬首是瞻，可見觀光事業中的人文設施，博物館的妥善經營是該國或該地區必要的建設之一。

依此分析，觀光客的參訪動機無非帶著學習而來，以了解國際文化狀況、社會發展，以及享有被尊重的感受。即若當年我到古巴開會，並不會因它的保守與封鎖而對它的民生狀況忽略，當下北韓被好奇者申請觀光的動機，應該雷同的。

再者是民俗習慣的體驗，好比臺灣實施的中華文化教育有：「四書五經是讀本、南華道德成經文」的社會，保持中原文化的特色時，士農工商在「人倫」上講究人際關係，民主自由在「人權」上以法律規範，它是一項國際發展的可信度與成就，所以有近一百六十個國家對臺灣免簽證，相對的國度或地區也就有那麼多的回應，對於方便且有效的人文建設，有利觀光。況且臺灣宗教信仰自由、人權被保障，每年季節定期或不定期的民俗活動，所帶動的藝人表演更是多采多姿，吸引觀光共同參予豈不快哉。

第三自然景觀中的海島高山，竟然有近四千公尺的玉山，尚有百岳壯勢，使喜自然的遊客眷顧。又如臺灣四季雖然在景物變化上不夠明顯，至少冬天冷的要人命，夏天熱得汗珠淋漓，還有春天百花開，秋天果實採的季節。其中廣袤的田野、山丘的植栽、高嶺的冷艷、加上白雲如浪、海水滔滔……或急湍過河、或芒菅

花舞，自然風景面貌多樣引人入勝。

　　第四點則是產品精美，其中美食是觀光必嚐的項目，而四季水果都別具風味，不論是蓮霧、荔枝、釋迦或紅肉梨，以及鳳梨、香蕉等等都有不同於別處，雖大陸的海南島、福建、廣東等地經度略仿，但「橘越淮則為枳」，這些都成為來臺灣觀光客的最愛。

　　第五是工商業發達，雖然沒有龐大的工業體，卻有小而美的經濟型中小企業，所帶動社會發展，在「創意」十足的教育下，亦成就了西方國家心目中的參訪之地，加上兩岸在經貿發展合作，更有條件把臺灣地方列入觀光目的地。

　　或許說臺灣名人甚多，除了當年遷居來的俊彥之士，如：胡適、林語堂、錢穆、傅思年、蔣夢麟、張其昀等文士，至今思想凸前，情思鮮明；又有李遠哲所主持過的中央研究院，院士諸公都是國際佼佼有名；乃至李安、侯孝賢、朱宗慶等人的藝術傳承，多了光彩耀明前程。

　　以上等等都是觀光的綜合資料，因為有更積極創作歷史的人，如吳興國的國劇國際教學與表演，不只是「現代傳奇」，尚有諸多團隊成就臺灣的觀光亮點。

　　觀光是文創的最大事業，不只為無煙工廠，更是開啟中華文化為重點的人文景觀，提供一份安妥的發展前景，觀光遊客來臺，2015 年已達一千萬人次，除了提供各項服務外，使遊客「有感」的觀光必在「創意」無限，產業「加值」的事業繼續開發豐富的文化底蘊，促使生活幸福、民生安樂的臺灣風景。

[第10講] **誰的文創產**

這些年來，文創產的提倡與討論，不論是政策的宣導或各屬不同層次之討論會，將學理與實踐分門別類，在兩岸文創產工作中熱烈的展開，並且投入不少的精力與財力，使這一產業的議題突顯出它的重要性，甚至開始評估它的影響力與價值。

雖然有關增進社會發展的政策，活動與目的都有正面積極意義，但在實施過程是否適切被思考對應，仍然是值得關心的議題。好比文創產活動效能，如何在任何一家產業績效檢視是新鮮有力觀念，最直接的說法：它的利潤超越原先的產值；或許說原本分散在各個「生產」單位的產業性質早是文創產的範疇，為何現在說它是文創產的基石，譬如說食品加工業、製造業都會以「品質」文化作為標的，正是說：「文化是一門好生意」的延伸，或說當年的「肯尼士」球拍風靡全球，就是以運動文化作為品牌。

而後冠名為文創產的產業，是否已突破過去各項產業原有的生產線，有更多的創意加值在產品上，或是十五項加一項的範圍在於「藝

● 奧地利的白水公寓內設置庶民生活文創品，吸引遊客駐足購買，是民間文創產業的亮麗光點。

術」的精緻文化上，有令人刮目相看的產品發生，有助於社會發展的產業加值。

　　諸多的問題已在政策推行時發生理論與實際的矛盾現象，那麼我們可以思考幾項問題：是誰的文創產、執行者的管理是否專業？它真的是 21 世紀新興產業的萬靈丹？還是它實際上只是強調文化與創意的重要，並非是所有的產業都適合披上文創產的招牌。

　　回答這些問題並不容易，但文創產的實施，事實上應該有「專業」、「專責」的考量，以及它實施的社會成本，是否被列為振興產業利潤的看法。換言之誰應該為「文創產」工作負責與發言！慎審這些議題，我們不得不重申它已是「管理階層」的象限了。

　　文化創意產業有三個面向，其一是文化是指向藝術性的專業思考，還是僅是「創意」的體質；其二是「創意」可能就是文創產的重點，有創意就有發明，有新生力量，所以西方常以「創意」產業為宗旨，促使泛指文化的事業，因為「創意」十足而產生無比的力量；其三是產業，因為有前兩項的「加值」，產業的價值被肯定，社會接受它的新鮮創意發明，所以產業可以升級，緊接便有利潤的出現。

　　那麼，「文創產」的管理就顯得格外重要，管理始終被認定「控制」或稱之為「專制」，這其中隱含著「規律與制度」的建立，或說是「民主與法律」的限制，因為人畢竟要接受教育而達到「獨」樂樂不如「眾」樂樂的積極面，亦可說管理就是在某一限制行為的責任，不只是權力，更是服務。

　　文創產是誰的問題在在明白它是屬整個社會的整體，誰是整體的發言者、執行者，則是得以追索的對象。因為文創產的領導

階層已輾轉成型，相關的政府機構或其所屬的法人都已穩然就位，但誰對這些有責任的領導者做適任與否的評鑑，或在權責不平衡之下，補助或輔導的機制中，只要求預算的執行或委託執行時，是否要求執行單位必需在資源與產業之間有足夠發展產值的「利潤」。這涉及到管理或稱控管責任取向，如一般企業所稱的，年度成效有多少百分比的上升與要求。

　　若只是截取各單的原本生產力，就以為文創產的成果豐碩，那絕對是紙上談兵。何況文創產若是以文化為體質時，如何深切它的歷史觀、文化觀與社會需求的美感創意成分，它已是心靈哲思的現象，是唯美感再現，才符合文創產的時代精神。

　　所以管理學大師彼得‧杜拉克（P. F. Drucker) 說：「經理人最大的考驗仍然在於經濟績效」，他指出若只統計生產資源，始終只是資源，永遠不會轉化為產品。文創產的領導者是否已然消化資源成為產業的元素，則需求在科學、系統管理理念中釐清權責分際。

　　依此推演，文創產已不只是形式口號，應該已進入管理範圍之內。由下而上的文創產容易達到預期目標，如民間有一文物修護案需要法律支持，經費挹注，只要訂出合理方案並有績效的願景，被選定為可行方案，就有立即性成果，由上而下，各個單位可以唯唯諾諾領旨覆命，確實的績效大致上合規定就結案了。

　　很不巧的是沒有更為宏觀的思維，好比以績效管理或以任務管理作評鑑的依據，使賞罰在只見毫末，未見輿薪的不明，遑論以「利潤」所得激發員工士氣，再加上當前的商業化、政治化效應，「文創產」機能僅在趕集似的「……博覽會」中看到美麗甜衣，

對於產業的成效也僅在「數目」上增減中，自我催眠。

至少要使「文創產」的廠家感覺到成本足夠，利潤豐盈的氛圍與作為，才能說管理者與執行者的成功。成本包括環境空間的提供與資金的需求，利潤則如杜拉克所說：「企業家必須有充分的利潤，才能經營，這是企業家最重要的社會責任，也是他對自己員工的首要義務」，由此看來，追求利潤是責任，不只是享有。

「文創產」的領導者與執行者在衡量業務進展時應記取上述原則，不然的話散盡成本誰來負責。對於「文創產」事業的進行必須目標明確，包括可長可久的事業；其次是層次分明，對於工作夥伴宜有獎懲措施，並激發士氣。使參與明確文創產的發展是項永續經營希望，使之休戚與共，榮辱一體的「團隊」，而不是抄短期的臨時性編織。

常言道「坐而言不如起而行」，當「文創產」政策熱鬧登場，接下來的就是有效執行業務，並檢討其得失，以績效作為成果的依據。要不然如何達到軟實力強勁的競爭者。

「文創產」是大眾的、社會的一項新思維、新力量，對於產業有振興的作用。

奧地利首都，除古典建築典雅迷人外，半世紀前所建白水公寓以「後現代建築」為風尚，更顯現維也納都市的藝術創見，吸引遊客駐足欣賞。

# 〔第11講〕文創產教育

政策是社會意識所形成的規範，也是執行業務的綱領。

為了達成「文創法」所共識的目標，相關單位已積極在實施細則下，逐步議成各項任務，例如設立六大文創園區、設立專屬司、處或獎勵民間資源投入文創產事業，並且展開國際性合作與研發的行動。

這波力量瀰漫在社會各個角落，政府單位投入大量的人力、物力，配合整個政策的社會發展。其目的就是開發國家的軟實力，增強國家在國際社會上有強大的競爭力。

如此措施，我們可以感受到大眾對「文創產」事業期待的力量，也期盼在21世紀、新時代的發展中，有足夠的實力投注在已蔚然成風的環境中。

那麼「文創產」事業的「實力」，因何所指，是否有給予優質的環境以應運各類項的產業，或有所謂幾大旗艦的領航在實施過程有相當的財力挹注，或指定某專職機構負責產業的導向，以及權責的任務。事實上這些核心問題引發的政策實踐，其成效正是「文創產」成功與否的關鍵。

好比某一類項的產業鏈是否已經過詳實的計畫或文創產工作的產值計量、研發文創

產的經濟行為、研究消費者與生產者的關係？成本與市場的計算，並且在永續經營的理念上，能否接上政策持續推展？

　　這是「文創產」專業的範疇，也是「文創產」的形成來自「人才」的培養，也來自人才的教育。因為政策訂定要人才，專業的實踐者要人才，計量成敗者要人才，其中市場調查與成本概念產值的計算，行銷的方法等等都需要人才。

　　更具體地說，文化創意產業不是憑空臆測，或人云亦云的近代社會發展主軸，而是國力增進的事業，或者說是國際間競爭力的指標。基於並駕齊驅的理由，西方國家不管是否有「文創產」亮麗的口號，在產業創新、提升生產力的理念下，無不卯足全力加強產業「質與量」的高速發展。這些政策的推行與實踐，人才亦得在各個領域上有足夠的儲備與教育，才能執行應行的理想。

　　「文創產」人才的認定應如何劃分？如何進行教育？又如何分工？其中包括政策整訂者、專業企劃者、產業執行者、成品行銷者等應各有職責。是個別教育還是集體訓練，那些人？什麼時候需要培訓？或許很多人會想到學校、業界或社團機構，甚至想到目前管理單位不是文化部嗎？或是工業局等等，例如法人組織的臺灣文創中心，以及其他跨部會的機構。

　　看來複雜又屬性明顯導向「文化」的創意產業。使大眾在思索「文創產」人才培育單位，應該是文化部總其成吧！但文化部除了六大文創園區，加上文資局、臺灣文創中心外、臺灣手工藝研究中心，責成地方文化單位共同執行「文創產」業務，這是否與「文創產」人才教育緊密結合呢？是值得深切了解的課題。

　　依當前環境評估「文創產」人才教育，當有數家單位在運作。

一是教育部，二是文化部，三是經濟部，四是社團與業界組織。換言之，不論有形或無形的教育訓練，教育部在全人的教育理念中，自小學開始，已有德、智、體、群、美的人性教育，以健全身心，貢獻社會的利己利人的社群合作為目的，繼而在十二年國教與高等教育對於文創產應用與理論均得為社會發展而設計。就以教育部在技職教育中的「產學合作」內容來說，除了責成科技大學廣泛導引學習作為產業的後盾外，同時是厚植國力的產業教育。就近兩年來教育部投入技職教育的財力（經費）與人力（專業）的數量相當可觀，其中由業界與學界的專長與需要著手，務必使學生所學能符合業界的需要，而業界亦能提供學生學習的機會。這項措施實際上有助於「文創產」的發展，若以生化、農業、醫療或工業等類項，事實上正在臺灣產業中成長，同時帶動了藝術基調創意的美感價值。或者說生活所需要的文創產品，在科技創意中得到完善的照應。

　　文創產業不只是產品的製造，還得有更精細的學理把握，並作為人類幸福的指標，那便要學理學術的提升，才能在產業上精益求精。教育部近十年來的教學卓越計畫，便是針對具有特殊傑出人才的培育，其中在人文科學的配合下，引導出卓越的教學成果，便是「文創產」人才培育的開始。因為「文創產」著重在創意，有創意的人必須是學養全面性的關照，更需要與時俱進的思維，例如彼得‧提爾（Peter Thiel）說：「新科技常常來自新的冒險事業，新的探索嘗試，也就是新創事業」[註1]。當然「新創」不全然都能成功，但沒有能力創新的

文創產教育來自環境準備、課程設計與實證場域，再加上專業文化人才的培育。圖為宜蘭的國立傳統藝術中心入門場景。

人又如何有「文創產」事業呢？

因此，教育政策有五年五百億挹注頂尖教學，以及卓越計畫的實施就是在發掘各類傑出人才，培育具有創意的新生力量。當然如何才是「文創產」的範疇，哪部分需要創意、創新，不論是課程設計或是高等教育中的特殊與重點，則依學校卓越計畫進行。好比數位內容、動畫製作、雲端產業都

是當下國際社會發展的重點。學校在授課時必需全力以赴；又如通識教育加強人文社會科學，一方面強調博雅教育是人性、人倫的起點，必須在傳統文化中肯定生命的意義；另一方面則在傳統深度與廣度之間開發新時代的生活價值，強調文化價值在於創意，活化產業在於知識。那麼，教育部倡導並執行的「尖頂大學」、「卓越教學」、「通識教育」，並積極實施的「美感教育」，無非是「產學合作」的基礎教育，也是帶動「文創產」事業的開發。

當「文創產」的教育更趨積極倡導時，或許得以當前以文化部為主導單位的文創產司處理解在實施「文創產」條例的過程，除了政府公布六大產業[註2]必有作為外，有關「文創產」部分，在環境準備、實施細則、創投資金或行銷通路，並將過去頗具成效的「文創產」研究中心，投入人力、財力、獎勵民間參與此項工程。其成果在一片口號與行動中，展現在已具人潮聚集被指定或自行開發的「文創產」園區。雖然大部分委外經營，若能達到「全民皆兵」的效果，對於文創產事業何嘗不是一項充滿活力的運動，因為社會意識可以成就某一項運動的成功。

包括公辦的文化資產局、手工藝研究中心或為被輔導文創產園區等正積極擴大業務，並以研討會、學術論壇、基層工作人員依業務的需要，展開人力資源的開發，以及人才培育，這項邊做邊學的歷程，或許也是近二十年來，政府對「文創產」提綱挈領的工作。

至於業界或社群對「文創產」教育的著力點，大致鎖定

在產業的需要，以政策為導向、實業為主導、產業增強為目標。此項民間投入的教育工程或是人才培育，目的性在於利潤、在於產值。因為需要的人力教育，大致趨於「專才」教育，以及「專業」的衍生教育。

「文創產」人才教育的「專才」並沒有一定的標準，卻有某一類項的專題能力，譬如說通識教育可以啟發專才教育的普遍智能，借之辨別事理的能力，如外語能力之於國際貿易，人類社會學之於各個地區的生活習慣；「專業」教育著重在專項事業的發展能力，如設計人才包含在平面、產品的視覺設計，需要藝術家的參與，美學、美感與造型亦復如此。

換言之，「文創產」人才教育的實施是全面性與針對性並行機制，又得在理論與實務間得到平衡，才能在長期教育顯現成果，以求永續經營的功能。

「文創產」教育重點在人才教育。分別由政府與民間企業共同承當責任。政府的教育為「建國之本」，人才培育更是教育重點。在施教過程各層次中的基礎教育、分科教育或通識教育，「文創產」教育所著重的專才範疇既廣且深，人才是否得當，必須要有妥善規劃，並考評其結果，以為「文創產」成效負責。至於民間企業亦有社會責任的措施，以應運「文創產」的需要，關於這項「人才」的需求，國際間各大企業體均有完整的配套，與政府合作力求社會發展，並加強企業體的向心力。如日本的各大公司，除了在職的年度教育外，在培養人才方面，實施師徒制或產學合作，均提供大量的財力、物力，長期培育人才，以促發企業體的完善發展，

傳統藝術中心有古街、古宅、古廟等民俗建置。圖為在一古廟埕的歌仔戲表演，可借之為教學、藝術與創意的範疇服務。

這項情況，國際間大都在高中或更早的學齡就實施性向選擇，提早就業的實施與教育，其中德國學制可提供諸多經驗，作為國內在實施「文創產」教育時的參考。

「文創產」教育的範疇廣闊，包羅萬象，本節僅以教育系統中人才教育的綴言，實際應用待其他章節再述。唯人才的培育正是文創產新苗的環境與時機，並非一事一物可涵蓋，而且是綜合

臺北陽明山國家公園，不僅自然風景綺麗，更是旅遊好去處，置於園內的王陽明先生塑像，是作為遊客瞻仰與效法的精神堡壘。

性跨領域的修為工程。「文創產」事業與成效，好比一顆壯大枝葉繁茂的大樹，之所以成為大者，乃由根深莖健來支撐，它就是大樹的養分，而施養分的人，正是「文創產」教育者的工作，它不只是教育單位、文化部門，經濟部與農委會，它更需要企業體的支持與承擔。

再說文化創意產業，重點在創意，也在產業是社會價值發展的必然，有價值才有產值，林林總總，人才成為各項產值的引領者。

---

註 1：彼得‧提爾（Peter Thiel）、布雷克‧馬斯特（Blake Masters）合著　季晶晶譯，從 0 到 1（Zero to One），天下出版社，2014。

註 2： 1. 生物科技產業，2. 觀光旅遊產業，3. 醫療照護產業，4. 精緻農業產業，5. 文化創意產業，6. 綠色能源產業。

# 文創產只是手工藝嗎？

文化創意產業似乎被訂定在工藝品的創意與製造。原因是有「文化」作為標題，並且把文化解釋為藝術表徵，所以便以藝術創作接近的工藝品為核心，工藝品的美感造境也成為當下被反覆應用的口號。

我們不得不說工藝品或其所衍生的禮品類，是文創產的明確標示，尤其在政府公布的十五項加一項的名稱與內涵中，包括傳播、媒體或設計等等，工藝的印象在美感與造型的結合，很容易被固有工藝印象所拴住，對於與之有關藝術性的創意產業，常有見樹不見林的感受。

與工藝品有關的設計部分實質是人才展現的方法與才情，若分類為設計為獨門類項，則有更大的解釋條件。好工藝品的造型要設計，產品行銷要設計；電視、電影、廣告、傳播都要設計，因設計一項所指定的應該不是為「產品」設計的設計，應該指名為名詞與類項的專有名詞與產品，例如室內裝潢、家具製作、壁飾選擇或家庭陳設的設計，其「文創產」的產值就是一項浩大的工程與數目。

更具體地說「文創產」概念所指涉的範圍，該是「美感」存於藝術表現的創意或創造，所標示並強調「美感」表現內涵成為各項產業的要素。換言之，生活所必需的衣、食、住、行、育、

樂，甚至生、老、病、死的歷程上，以文化為飾品、以創意為創造、以產業為價值的論述，旨在增進生活品質，提高產值為目標，工藝品所能帶動的文創產，就不只在產品的出現，而是它所帶動的創意美學理念。也唯有如此才能達到國家發展軟實力、促進社會繁榮的目的。

基於上述理由，工藝品固然容易被認同為文創產品，但「文創產」事業繫於創意產品的開發與實踐，其中包括政策擬定、執行、人才尋覓與培育，產品的專業與產出（製作）、科技的應用與行銷，以及作為永續經營的策略等綜合財力、人力、物力的開發，似乎都得應有寬宏的遠見與堅實的執行力。

國際間投入此項活動的西歐國家從百年前的比利時的水晶藝品、義大利的時尚設計、德國的工業產品、法國的時裝衣飾、英國的流行音樂等等均可舉其大要，乃至北歐國家對於生活所需產品，如家具類、食品類都令人感佩。其之所以蓬勃發展，除追求生活舒適、更高的文明境界外，即今在東方所強調的「文化」元素。好比白俄羅斯的傳統芭蕾舞劇場、交響音樂院或是拉脫維亞的音樂廳等文藝展演場所，處處表現著「文創產」企業的價值。

有了以上看法，工藝品作為「文創產」，只是其中的視覺初識，若得有藝術美的成分，則可層層進入文創核心。茲以澳大利亞政府在近年內設置與文創產有關的政策為例。不論是法人化的組織或是以大學為中心籌設的「創意產業」部分，明確了解「國力再生」的驅力，例如指定或公布作為「創意產業」中心的條件，經過評估與審定符合執行能力的學府，便撥款挹注於中心運作。並就企業界尋求二、三位專家作為發掘創意產業人才，以及可在產業發揮創意的領導者，每期三年，必要可以延續聘請。或有法人工作

文創產業範圍很廣,項目眾多,但一般都以「工藝美」為旨,但凡具備創意價值的產業都是新時代、新事業。圖為震旦博物館典藏的唐代陶藝,可供造型、材質與民俗造境的參考。

坊,亦採取集中教育方式,積極投入創意產業。其中內容有數位滙流、3D 動畫、媒體應用、廣告行銷、影視製作等,尤其互動媒體的行銷方式,令人感佩其政策明確,執行得力的成效。

又以法國的創意工作坊,或稱之為研發中心,不論屬於表演藝術的太陽劇場或多媒體教育中心,有系統地提供有意開發「創意產業」學習者參予研發工作,並對國際人士爭求服務機會。這項措施不僅活絡藝文界的展演節目,迎接新世紀時尚發展,而且建立「文創產」營運成效通路,開啟「文創產」的新創事例,進而主導全球精神文明的軟實力。

類似上列事項在國際社會有不同程度的進展。不論他們是否冠上「文化」二字,但「創意產業」是有積極作為的工作;也不

維也納國立應用藝術大學物展示古今座椅造型展，訴說文化、藝術與生活的更替與進展。生活的需要是文創產的動能。

論國際之間是否以工藝品為主題，但藝術美加持於民生事項與科技應用的精神文明，或實質上「文化」所涵蓋的內容，它的範圍廣闊且深。當今 3D 動畫或線上遊戲都是其中廣被應用的「文創產」。

　　「文創產」的理念可以是藝術的，因藝術的本質就是創意，「文創產」的作為可以重視產值，因為產值來自價值，其中人情的倫理講究，就是秩序的順達，而人性的需要，就是生活應用的範圍，「文創產」可否在士、農、工、商各個領域上著眼，例如生化「文創產」、農業「文創產」、宗教「文創產」、教育「文創產」、醫學「文創產」、科技「文創產」等等創意產業，其中每一項都可媲美工藝品的「文創產」吧！

　　當然「文創產」是藝術美學的具體呈現，並不只是工藝產品。

# 文創產起手式

【第13講】

倡導「文創產」運動，是近廿年來被吵熱的動名詞。也是兩岸學者、專家一致的傳導工作，其中做為教學課程的部門紛紛成立。在臺灣早年的建教合作、育成中心就以產業為導向，而後相繼成立的「文創產」研究中心或「文創產」學院的措施，在兩岸教育網絡中被列為優先課程。

因為時序邁進 21 世紀，全球競爭力，已從戰爭與對立轉向為合作與超越的軟實力、展開社會的發展，並且把創意產業以文化為社會價值的軸心，應運於各項事業的開展。對於大眾生命的意義，有較多的尊重與立場，而孜孜於產業的開拓。對此項工程，我們很容易被說服，也樂於接受。

唯「文創產」工作，怎樣開始、如何分析產業的類項，並分別於有效計畫中，實施則是一項嚴肅的課題。其中要釐清的理念在於「創意」的正值或反值，有益於產業的增值嗎？因為不是有創意就有價值，有些「創意」的負面評價，雖然不是被提倡的，但南橘北枳，或是樂極生悲的創意都不能不有相當程序的預防。換言之「創意」一定要有正面且積極的意義，增進生活幸福與社會價值肯定的事項。

例如電訊的發展、生化的研發或媒體的傳

達、藝術環境的營造，以及更為便捷的交通網絡等等，都得靠「創意」的發明方得成效。

有關創意事例，包括行銷方法、人事管理、利潤分配、行銷網絡等都因為創意而有大作為與成效，其中跨域、跨業的流動，也改變傳統的思維。或者說單項「文創產」得結合更多的元素才能水到渠成。

過去常被忽略的綜合性「文創產」，往往在單打獨鬥中鎩羽而歸，例如電影事業並不是只有導演、演員的組合，它必須有更多的資源滙集於一齣戲，一個事的闡述，加上財力、物力的結合，才能成就一部好電影。若以好萊塢式的名片為例，不論是老文藝片、戰爭片、音樂片，傳誦半世紀或更久的歲月，依然感動人心，其成功因素在於文學、哲思、美學挹注於內容的闡揚，以及演員、導演、製作配音、場景選擇與講究，餘者行銷片也得費心經營，因此一部膾炙人口的好作品，豈只是三言二語就能表達藝術美學的嗎？

更要討論的重點則是「人」的問題，這裡的「人」是企業家、專家、文學家、作家或表演者，不一而足，而「人」的養成教育可能長達數年，甚至是數十年的培育方得成樹成蔭。若電影、或包括電視節目以製作說是「文創產」的重點，那麼它的起手式又是如何呢？

國內有二位聞名國際的大導演侯孝賢、李安先生，除了天資聰穎，見識廣博外，在臺藝大就學時所接觸的環境不論是受教、還是自創機會，他們都經過了每年的藝術節有過展現理想的實演、實習的環境。

維也納大學在中午用餐時間匆促，學校允諾具有創意造型簡便餐車開進校園，提供既經濟又方便的
服務，且具文創風尚。

　　這個環境是在藝校時期就有的一項傳統。在新生入學及第一
個新年，或說是聖誕節開始後一週，各科學生得以在老師或導師
帶領下，訂定一個夜晚舉行迎新晚會，理由是藝術學校的學生所
具備的才能必得有表演特質，因而演變成為化裝晚會，使同學由
陌生而熱絡，師生亦得以「親愛精誠」。

　　之後改制藝專，科系分明，各個領域都有不同層次的表現，
如音樂會、舞會、劇團、展覽、裝置，以及能夠被想到的藝術表現，
都會在「必辦」的晚會呈現藝術才華。

　　臺灣藝術大學的新生訓練與創意舞劇表演，更是熱鬧非凡，

幾乎在學長姊指導下，成為新生入校一份入門典禮。

在這個「創意舞劇」活動下，雖然只是一年級的新生，但高年級都會投入這個有關系所榮譽的大型活動。在這個活動中，雖然老師沒有直接參與，對於藝術創意的指導與要求，絕對是一份嚴肅的教育課程，也是提供學生一項實習、實演的機會。因為每一系所班級都得參加的規律下，從構思選材，經過劇本分場導演、演員、道具、音樂、聲光、布幕、色彩及行銷、邀請、評估到成果驗收與獎勵，可說是藝術作為文化本質的整體。

國立臺灣藝術大學每年開學後即舉辦化妝晚會或創意舞劇，是進入藝術之門的見面禮，也是「文創產」經驗起手式。圖為半世紀前校園浮雕創意作品。

　　學生經過這項嚴峻的藝術造境經驗，對於日後課程的學習，便有一份堅實的信心與能力。在傳播媒體部分，包括主持人、廣播人都成為傳播界的名手；舞臺、服裝、平面設計也成為設計界的名人；或請帖、CD 製作、音樂作曲在這個活動中激盪出靈感，乃到節目製作、舞劇的藝術靈魂人物，導演、導播、以錄影檢音專責人才，亦同時被重視、……「文創產」人才於焉產生。名設計家周重彥、謝義槍、藍榮賢、王明川、王鼎等人在這裡學習；名導演王童、侯孝賢、李安等都投入心血；名演員劉明、歸亞蕾、傅雷、勾鋒、谷名倫等都是當年的主角；雕塑家何恆雄、高燦興、陳振輝、劉柏村等是主體造型的指導者，名音樂家馬水龍、曾乾一、朱宗慶等更是一時之選，乃至於無法在這裡列舉的藝術工作者，他們在經過「創藝舞劇」活動的經驗之後，動畫、作曲、舞蹈、美術、設計、美學、文學齊聚一堂，衍生的廣告印刷、舞臺布置、服裝設計、音效燈光等能力的再造與提升，都在潛移默化中出現。

　　前述是「文創產」培訓人才最具體的事例，符合「文創產」起手式的先例。寄望政策執行「文創產」工程有一個評量單位在提供資源時，能夠以執行成效作為增減支援的標準。

# 文創產地標

〔第14講〕

由於「文創產」事業的興起，熱中於此項運動的執事者，包括政策釐定或民間投入，「文創產」理念已被廣泛接受，並且積極參予軟硬的築建與造境。

尋求建構有系統開發建築體，以應運各項「文創產」業的興盛，在政策與資金的配合下，不論公辦民營或專設機構來經營此項產業，或者在新興企業中，自行投入的企業體，都有一份安適的投注計畫，並且在「文化創意產業發展法」的範疇下，各具能量的發揮、展開生氣蓬勃的氣勢。

以臺北市區內已建築完成的臺北文創園區或三創數位生活園區，前者與松菸文創園區結合，後者的座落處則為光華市場舊地附近，都具有與「文創產」標的有地緣關係。這些現代性建築的空間，與設置「文創產」類項，必然是緊密結合，雖然被提出不少的批評與檢討，基本上因需要而建設的大樓，在造景與空間使用的功能，都在可預計目的範圍內。

本文所提出的「文創產」地標，則指向軟、硬的設置與整理，並且以舊廠房或工地作為文化環境的再生性質為例，因為文化包括了時間的累積，以及空間的使用，它具備歷史的意義與社會發展指標，並且能活化都市機能。

　　基於原屬大城市的古城，為了振興都市功能，在歐州被列為文化首都的城市，每年選出一處古都挹注經費，整飾城市環境，並發展精緻文化活動，以生活品味、藝術展演為內容的觀光性質的開發，其功效在近二十年來有相當成效。例如西班牙的巴塞隆納舊工業區被改造為文化觀光園區、畢爾包市場加了古根漢美術館為景觀城市翻新；或在英國的利物浦舊市區的整理，以及愛丁堡增強藝文活動，加上法國亞維儂的藝術節等都是眾所熟悉的「文創產」基地，每年國際觀光遊客大批湧入。

　　至於更為具體的「文創產」基地，如法國巴黎市區設立動畫研發中心，或太陽劇場表演實習基地都應用廢棄的兵工廠或舊時代大型集合場，如104僑儀舊坊，而今改為「文創產」展演地，

① 日本名古屋古城，佇立數百年的建築，除了標示出日本文化外，亦是「文創產」鮮活的現場，每年觀光客近三百萬人以上。

✐ 作為文化觀光的名勝古蹟，乃是「文創產」注目的地標，除顯現地方性文化外，歷史、民俗、社會發展都成為文創產業的資源，圖為板橋林本源宅廊。

業務節節上升，乃至西歐其他國家均有類似的環境作為「文創產」發展的條件，加上目的明確，創意無窮，不論來自過去的紡織廠或酒廠，進駐的藝術工作者，都能發揮長才，活化社區的文化力量。

兩岸文創產環境的營造，雖然起步不算太早，但能應用「閒置空間」作為「文創產」的產業地，結合現代性意涵的「文創產」，已有顯著的成效。雖然達到完善境界尚有一段距離，但能夠建立

制度並以實驗性的文創基地，事實上是有目共睹。在大陸的798 藝術區，除了提供閒置工廠作為藝術家創作的空間外，能各具個別性質的工坊創作藝術品，是兩岸「文創產」的開端。也因為純藝術的創作所帶動的其他文藝作品、工藝品或禮品設計，並作以休閒另設咖啡座、畫廊連結為一條藝術創作鏈，引發社會發展的活力。若以高層次的藝術品市場，也提供絕佳的環境，媲美於紐約蘇活區工廠區藝術家們的創作行情。

這項成功案例所帶動的藝術作品市場價值，並進入國家級文化典藏的基地。或許這項以閒置空間促成國家文化建設的標的，是項文化與歷史交織的亮點，有助於生活品質提升，與「文創產」價值的肯定。因此，大陸各省區紛紛開闢相關的「文創產」園地，例如上海的新天地文化園區、成都的濃園藝術村、嘉定文化園區等等地標。園區內除了藝術家進駐外，舉凡劇場、工藝設計畫廊、禮品、美食、美醫、衣飾佩件等設計，一併呈現新款的產品，對於地方、社會、國家的文化開發具有指標性的發展。

臺灣「文創產」活動早有根深葉茂的成果，例如半世紀前的臺灣手工業研究中心、臺灣精品產業中心，以及推展近卅年的社區總體營造，不僅在政策導引之下有「臺灣經濟」奇蹟的成績，更深入城鄉產業共享的社會，開發國家軟實力最具體的「文創產」，雖然在產業項目無法定於一尊，但重視「文創產」運動，深植人心的文化創意，便得有加值的產業成效。

除了開拓「文創產」園區外，鼓勵民間企業共襄盛舉的事例，如華山文創園區或是松菸文創園區，已有相當意涵的地標

呈現。中、南部如高雄駁二文創園區、臺中文資區所應用的廠房等，都顯現文化創意產業的新形象。

「文創產」園區也是文化產業的新地標，臺藝大的「文創產」教學園區，更是一項高等文創產教育的基地，配合產學合作與人才教育，這項措施若能悉心經營，必成為有機能的「文創產」亮麗的地標，將帶領新北市板橋尚待開發的四三五文創園地共存共榮。

「文創產」是項理念，也是行動，更是精神產業融入企業體的事業，在「創意」為共感的事業體，有益於社會價值提升、增加生活意義的園地，只要有積極良善的作為，各處成立的「文創產」園區，就是人性希望的地標。

【第15講】

# 文創產行銷

產品創意或創意產品，在藝術美的加值下，得有市場產值的增加。

對於文創產品行銷，也是「文創產」的重要工作，尤其分工精細的社會裡，產業的推展，相關的部門都需要密切合作，才能創造輝煌的成績。

任何產品的推廣與行銷，因性質不同、產品各異，行銷的方法也不一而足。但有一個共通點，產品的品質一定要有可信度，也得有較好的水準。至少在行銷該產品前，必須分析清楚等級或獨家的產品，它在大眾生活有何重要的需求，是屬於那一階層的消費者，才能訂定行銷的步驟與方法。

● 古城鎮是文化觀光的亮點，觀光客在尋覓文化元素中的歷史、社會、美感，建立新價值、新觀念，因而產生新產業。圖為奧地利古城哈爾‧史塔特（Hallstatt）。

◆ 山城名湖，鄉野詩情，哈爾‧史塔特湖，天鵝悠游如前，是造景還是夢境？此景成為該城的行銷資源。其中作為雕刻禮品造型，則是天上人間。

　　因此，任何一項文創產品，在知己知彼之下先得有幾項工作。例如市場調查、消費者的認知與需求，以及如何設計行銷的策略，其中包括人力的安排、財力的挹注，甚至短期、長期營運的成本與利潤如何訂定目地值等，都可能在文創產品行銷時必須先設好的主軸。若沒有充分的準備，只靠某些財源與人力，「文創產」事業將變成空泛，甚至只是一種被補助的產品，對社會發展與國家產業是沒有幫助的。

　　在諸多「文創產」項目中，首先應在行銷主體上選擇與自己最熟悉的產品，並深入了解它在創產中的張力，然後再訂定目標，設立時間期限與使用的方式，都需要層層剖析，件件精確，每一環節考量清楚後，才能討論產品的行銷工作。

　　當然，市場的文創產品，不論民生用品或是其他專項產品，如醫療、農業、教育、生化等不同性質的品名，都會有特定的行銷對象與行銷方法。例如考慮年齡或教育程度、職業分布、城鄉環境，以及民俗、宗教信仰等，依據因人、因事、因物的屬性，在行銷方法上亦各有不同。好比傳統市場上的攤位，採取定時、定點的行銷方式，甚至顧客大都是熟悉的主婦，很少有外來的新客源時，它的行銷方式，除了產品優質保證外，人際關係便成為必要的工作。

　　基於「文創產」性質，與一般產品（商品）的差異，尤其加值在文化特性與創意的要素，較接近創新的產品，它的行銷方法當有更為「文化」的考量，除了產品要自有特殊形質外，行銷基準宜有下列特性。

- 其一，它一定是創產佳作，使人有物以稀為貴的優點。
- 其二，它必在實用上符合大眾的需要與喜愛。
- 其三，它有被欣賞的美感，包括造型、色彩的搭配、能增添生活情趣、且有被珍惜並收藏的元素。
- 其四，它的製造過程，在品質保證的理念下，有苟日新、日日新、再日新的永續發展，具備歷史、社會共感的性質，好比傳世器皿、家具等都在時空不同的環境下發光、發亮。

　　文創產品有可信度的出廠，或能在品質得到大眾的需求與信賴，並不是被動地等待顧客的來臨，而要有主動且積極向顧客說明產品的優點，以取得顧客的信心。有論者認為主動介紹自己產品是一項重要的溝通工作。它必須有方法、有步驟，例如一家汽車公司對於溝通，「所採納的管道包括廣告、直銷和項目策劃，

以及公共關係的建立」[註1]。在廣告、直銷與特定項目來說，廣告是項長期宣傳與品牌內容的鎖定，它是形象與產品結合的心理感應。使用工具不論平面媒體、電子媒體或移動式的招牌，涉及心理制約與經驗可信度。這些例子隨手可得，也是廣告之後，成功行銷的首要方法，其中包括政治人物爭取見報率，不論是否為正面消息或反面報導，他都是廣告效力的贏家。

　　我曾在二十年前應邀訪問白俄羅斯，在一百萬人口的明斯克首都作客，由於飲食習慣的不適，經過多次尋找較合口味的食物，實在沒有新發現，當年唯一看到的，是麥當勞標幟的速食店，便每天都在那間熟悉的店裡用餐，而飲料也都以可口可樂為主。這一行腳說明廣告所發揮的功效，因為其他商店或飲料使用者不具經驗，自然主動卻步。

　　第二項是直銷，相信國際已有很多直銷公司在推動自家商品，其組織講究效率，直銷員口若懸河地介紹產品特色與優點，尤其新產品的研發，都得需要專業人才現身說法，一則增強消費者的信心，再則能積極向市場展開業務。眾所周知的故事，企業家王永慶在年輕的時侯，對於自家開的米店，不僅服務到家，而且估量消費者的需要而大發利市；又有一位電子企業家林百里，他曾為了介紹自家廠牌筆記型電腦，自己提著新出廠的產品到紐約向顧客介紹，以爭取訂單等等事例，都顯現直銷的能量。

　　第三項是事件行銷，或說是活動行銷。有關此項活動，除了被先入為主的廣告或缺乏直接產品的潛在顧客，可以舉辦特別的促銷活動，甚至是定點、定時在某一時序開辦大型的活動，除了可以探試市場取向外，更能引發「競購」的情緒，對於「文創產」

有相當大的助益。好比百貨公司的週年慶或是某個電腦產品展、動漫特展、書展等，都引入大量人潮。若再加上組織會員認卡，分別有折價或優待的辦法，對於行銷策略是有利有益的工程。

當然，「文創產」行銷，一定要產品優質，且具備創新的產品才能在行銷過程順暢，因為尚有不言而喻的可信度堅持，以及有口皆碑的感染，才能引發時尚效能。惟時空在變，行銷方略也在進展，除了上述的行銷基本認知外，文創產品也應包含科技的運用，尤其當下的電子事業，事實上也屬「文創產」的範疇，名牌名廠之外的研發，不論是印刷出版、海報設計、建築工法或行銷通路，已經使人深感科技飛揚，日新月異，或說比孫悟空一夕數變還快、變得精彩、變得方便，尤其促銷部分應可看到光棍節的網購風潮，以及平日一般生活的科技應用，都是行銷的利器。

在這裡我們研發的工作，就是科技應用於文創產行銷時，應該注意到除了行動網路或雲端運算的資源外，交易方式也在數位商務興起。我們可以「一卡在手，一生在守」的速利外（Internet of Things）、物聯網（lot）時代的來臨，透過建測技術、崁入式技術，對於傳播、行銷有更方便的聯結，本身就是「文創產」的產品所能發揮的行銷利器，就更為廣闊。

「文創產」是新世紀、新社會發展的主軸，既有優質的創意產業，就要有更明確、更方便的行銷科技來服務，若是物聯網成為「文創產」行銷通路應會有「一卡在手，世界快走」的便利，創造「文創順利，產業主力」的效能。

---

註1：見楊維富著　成功行銷的典範　遠流出版公司　P.104

# 文創產美學

〔第16講〕

　　文化創意產業，之所以以文化為領銜命題，蓋「文化者，文之所以化也」。換言之，文化原本就是社會與生活的整體，當能「以文會友，以文為性」時，文化的內涵便是藝術性的張顯，所以探討「文創產」美學，其重心乃求創意產業必須具備文質彬彬的事，也就是能彰顯美感共鳴的產業。

　　正如文化部在訂定文創發展的計畫目標，即以「創新產業生態，領航美學經濟」為願景。其所指涉的軸心就是「美學」的經濟。美學經濟是精神層面還是現實層面已不是討論的重點，而應該對於創新即創意的過程，以及美感成分是不是挹注在產品上，使消費者感受愉快、珍貴與喜愛，並隨之接受新款而存在生命餘韻的藝術定格，因為美感是作者發揮創意時的原素，傳達給消費者時的感應現象。所呈現的作品因為精美巧妙，既是實用又有新意，甚至是時尚加上古典興味，使物象價值驟然提高，而提升大眾生活品質。

　　文創品的美感，來自兩個大方向；其一是精神層面的美感或意識中的美學。眾所周知，美來自善，是生命積極性的意義，不論是充實之謂美，大而有光輝者完全在「知」的感受。因此知識的充實，便能明辨是非、分辨善惡，

才能在行為上導向善為美的面向，有了明事理、辨是非的「知」，便能感受到「上善若水」的意涵；進一步說如何感應「萬物靜觀皆自得、四時佳興與人同」的即理、即興美感，或調理出秩序、規律、季節的宇宙軌道行程，與人事中的盛衰而印證的陰陽互補，在人生的事理過程中，它是屬於自然天理，應於人事生態。所謂「一象之明昧，不若悟對之通神也」（晉顧愷之）的「神」，既非宗教之神，也非巧工之神，而是自然存在的本質，而被應用在人事上的萬象，即是「天生人成」的意涵。

因此，文創工作者必須要淵博的學問，亦得有高潔的理想，以人為對象，不論當下的社群或傳統的價值，都在行為的認知上。「美感源於認知」那麼，知識是要夙夜匪懈的功課，也是多方攝取的經驗，才能達到「知」的絕對理念，並其引發的感性達到「真實」的意象。

屬於價值美、形上美或實踐者，知識由博而約，而聖而美，必然沿襲「知」、「識」的核心前進，對於創意產品的產生或感應，在觀照與感覺的對象中，心靈承受的層次，與認知深淺成正比。這種現象依附在由知而覺的過程。所以「不知不覺」的正面思考，便以知識多寡決定美感的濃度，否則不知那有覺。

坊間以為有精巧的技術就是藝術的開端，這項想法基本上缺乏對美感的正向認識。當然文創產品必須講究技巧，技巧必先有構思、有造境才能達到大眾共鳴的功能。換言之，就是內容的「知」與形式的「覺」要融合為一，所能顯現的創意或造境，才是文創產美學的開端。其二便是形式美之於文創產品的講究，當然是沿續精神中意志、思想、價值的知覺而發展，以「知」的強度，化

解在產品製作的技巧或生活需要中的愉悅要素，是經驗與技巧結合的工作，或許可以歸納幾項美感之於技巧的表現，例如造型、色彩、手工、古典與現代風尚等等，也是一般文創產可以加強訓練的項目。

（1）造型：是對物象的設計與創意，通常先有實用的需求，然後才能決定採取它的材質與形式。經過藝術性的考量外，也得衡量它的銷售對象，其中價錢是否合宜，可以分門別類訂定製作的程序與成本。因為造型之所以要有創見，必須以消費者為對象，分開較為實用或具理想的材質，雖然都可以挹注藝術美的創意，但大眾化與個別化都可能影響市場取向。例如明代家具以簡潔為主，清代家具就以華麗璀璨為功，那麼現代民眾能接受的居家陳設，傾向於單純與清新為主的家具，又如何以新穎的造型出現，對於藝術成分或為美感元素有否「心心相映」的共鳴？都是設計者、施工者能量展現的機會。

造型有粗放與細緻之分，前者是自然紋理或作為骨幹的材料，有豪邁氣勢，注重整體聚合力，也是氣象高亢、志堅心達的隱喻，若所得物象初心的境界，造型成體必是時空象徵與圖記；後者則巧奪天工，錯采鏤金，令人見之難得，或是可遇不可求的巧趣，此時自然心思妙得，心入於境，神會於物。

視覺藝術，大型建築物古今中外均可遊覽於造型、配合環境必有景觀可賞。景觀壯麗、植被細密、庭前水榭、屋後山嵐等等座落於視覺暢順，心舒情濃的景色，如：大陸紫禁城、長城等工程浩大；西歐天鵝堡、聖母院等聳立千百年，迄今仍然亮眼；小型文物則極盡巧工、金碧輝煌，惹眼欲求，令人怦然心動，如故宮家具文飾或凡爾

維也納森林是著名音樂家之鄉，山阜而上，可俯視維也納全景，美不勝收。圖為波蘭教堂，每年舉辦音樂會與文化講座，傳達奧地利美學感應。

賽宮金杯銀盤，留存現世，不只是文化瑰寶，也是藝術造極之作。

（2）色彩：造型相關之彩色更是人生美妙現實，也是形態怡情的彩色。文創產品於色彩之應用，當知四季變化與環境習慣的搭配。大至山川屋宇、高樓大廈的錯置，小至生活如服飾的穿著都是「文創產」事業必備的專業。

色彩亦得在民俗間應用，淡雅與濃艷，或是中間色之於法國、日本；原色之於非洲與東南亞。不論萬綠叢中一點紅、或是濃妝

維也納森林沿途，有音樂家生前駐地創作之屋，如舒伯特、貝多芬在此作曲的工作室，今為其紀念館，遊人如織。圖為貝多芬住家之一。

淡抹總相宜，文創品色彩似天青色之汝窯、雅緻沁心；如雪地朵梅之白瓷，件件清真。

　　（3）手工：造型與色彩是第一眼的印象，但是品質高雅真實，則在於工法的精緻與否。所謂精緻就是恰到好處，不多不少的分量比例，都有一定的成分。尤其近代科技的加入，量化文創品固然可降低成本，但用過了就丟棄，它必定被視為普通品，若要有被珍藏的產品，除了物以稀為貴外，手工或單一成品是否成了品

質保證的工法呢？答案是肯定的。手工食品、手工家具、手工飾品、手工衣飾等等的製品，由於情感的溫度濃稠，便會感染消費者的情緒，促使互動的機制使得美感湧上。

（4）古典：文創產品來自傳統文化的闡揚，以歷史、社會為基調的古典美學、文學、哲思與文化傳達的生活經驗，與民族光輝，承繼的是永恆社會價值也是代代承襲的榮耀，所謂衣錦榮歸或立碑建亭，都是美好的事物；相對古典價值的時尚生活，更是與時俱增，創新創意源自大眾生活激盪的結果，所謂取法乎上的進展在當下以電子科技來說，它是日日新的趨力，不僅追求便利、追求精美、更要求高人一等的美學生活。何能高貴至上，因古典是經驗累積的人性智慧與價值，也是時尚與之比對的靈感來源，時尚文化是根據古典傳承的創新比較，兩者相依相存，美意延年矣！

文創產業的美學，在於參與者「精益求精」美感抒發，符合時代性、社會性的需要，在生活美學追求、卓越，在產品研發上符合美感需求。美學系統建立在人性、個性、習俗、認知與價值上，「文創產」美學必在追求卓越、積極面善的機能上。

文化創意產業的「創意」本質上就是新鮮、感人、發明的意涵，促發人性積極追求美好的方向，一路前進，其美學建立在善良、積極的基礎上。

# 文創產評量 〔第17講〕

當「文創產」運動熱烈展開之際，是否也應該在實施這項新世紀、新產業的當下，平心靜氣地檢視它的實際效果，好為「文創產」事業增強一些資源與動力。

要求它的成效，就是要求在投資與成本、執行與利潤之間得到正面成長，否則一直在資本部門消耗能量，而不求成效時，便有種油枯燈滅無以為繼的事情發生。

「文創產」評量成為在這項工作必要的督導過程，換句話說，文創產業不只是補助機制或民間投資該行業的政策，應該有它的目的與理想。例如在全球每天有二百二十億美元的文創產值，在我們的選項與能力配合下，究竟自己從中參與類項能得到多少產值或利潤？

成本挹注在產業、利潤在執行時應有的獲益（利），都是政府、公司、廠家、大眾得思考的課題。若沒有精算它的得失，必然會耗力於熱鬧，而成為歡樂後的空寂現象。

所以文創產業成功與否，或者說它如何在社會發展得到正面的肯定，必須設立評量的機制，才能得「文創產」運動的目的。

評量是對於一件事務能量的檢視，也是作為經營事業的根源。雖然有些是要量化統計，有些則需要質化考驗，質、量都受到肯定必然有

文創產業要有實質產值，每年《藝術家》雜誌都會舉辦票選以評定年度藝術活動成效。而社長何政
廣（左1）每年宴請藝文界尾牙並敘舊，亦得到肯定與敬佩，也是文創產評量的風向燈。

幾項原則。例如社會價值的肯定、文明生活的關注是屬於精神層面；而成本投注與利潤的講究是物質層面。前者著重在知識、情感與生命意義的闡述；後者則是現實、財富與生活目的的抒發。若二者之間取得共知共感，且能持續營運者，必有輝煌成果。

　　基於上述理由，「文創產」評量，應有些下列事項的考量：

　　其一，擬定主題：文創產品廣義來說，乃是凡有創意的生活用品都包含在內；狹義的指涉則是與藝術文化有關的創意成品皆是。兩者的交織點則與社會意識指導的社會價值有關。在此分別為（1）研發主題，其中擬定設立目標，調查社會需要，以及訂定目標後的成效是評量的重要項目。（2）策略運用公辦公營、公辦民營或是委外經營，它的策略應有不同層次與程序的考量，尤其

西風東進，街巷、騎樓在適當的角落廣設暫停休息的咖啡座，是大眾生活歇腳處，也是思考並評估未來出處，更是文創產業的項目之一。圖為維也納步行道的咖啡座。

在社會變換中受政治影響的風險，亦得計算制度建立與應用的利弊得失，畢竟「文創產」工程是國家發展的重要產能。（3）實地應用，以閒置公有地或另指定設置地點，應有環境評估、交通便利、企業廠家的選定或招商條件，如當下臺灣有五大園區[註1]，分別以 BOT、OT、ROT 自行管理等不同性質倡導文創產事業，其評量準則有待進一步討論。

其二，人力評量，包含人才適性是此事業的基礎，也是文創產業成功與否的基石，其原則應有（1）教育機制的暢通，是否有

編按：
(1) BOT：即 Build-Operate-Transfer，興建 - 營運 - 移轉
(2) OT：即 Operate-Transfer，營運 - 移轉
(3) ROT：即 Rehabilitate-Operate-Transfer，擴（整）建 - 營運 - 移轉

專門的權責機構，如教育部、文化部、經濟部等單位，能否設有常態性與專業性的部門，以從事人才的培養，其中包括實習基地或指定廠家的見習場所，都應列入文創產業必要教導機關：如經濟部的工業技術研究院、教育部的國家教育研究院、文化部的手工業研究中心等都應有年度的評量與展望。（2）若是民間廠商的選定，宜訂定可行的類項，從事雙向產學合作的機制，包括廠商陳報需要的人才或學習者的意向調查，均得一定的條件與獎勵方法。（3）所謂人才必與文創的產值有關係，以年度或分季計算人力養成教育，可以增加競爭力的評估。

其三，是開發市場，旨在文創產值的推展，急需要有力的方案引導政策的進行。在這一要項的首要評量的是（1）市場調查是否有詳實的運作，才能了解社會大眾的需求是什麼，作為對症下藥的目標性運作，例如市場對於民生項目需求孔急，如室內裝潢、婚紗產業等都在市場機制呈現。（2）成本評估，文創產不能只要求被補助，宜有成本投注的管理與風險概念，才不致盲然無所適從，甚至血本無歸。成本是企業不可忽略的選項，也是投資人首要關切的問題。若是成本涉及到事業成敗程度，則得有財政與借貸能力的考量。（3）利潤計算，每一文創產品經過繁複的研習過程，大量人力財力的投資，企業目的就是要有錢賺，亦即是利潤的比例，要有引人信心的數目，甚至金錢之外的品名榮譽也算進來時，它的企業體必然蓬勃發展，企業家全身的投入益發興盛。那麼利潤所得當是文創產評量重要的部分。

「文創產」評量的方法，除了上述原則之外，評量必需要有效可行，儘管當前有「大數據」作為評量的參考，或者是以考核方式的民調數據作為事業營運的指針，但是要求信度與效度的統計都可能是唯

一參佐資料。當然主管單位與執行單位，在業務進行時最容易理解自己的文創產業的運作，其中包括業務範圍是否達到國內外的要求，資金供應與利潤所得是否成正比，或者員工服務態度是否良善等等重點觀察，事實上已可熟知評量文創事業的發展狀況。

但評量畢竟是要有數據、有根據的工作，除了例行工作列表逐項檢視業務成果之外，以量化統計業務進行的成效，這是很科學的評量方法，「文創產」各個單位宜自行製作評量表，自行依目標程序進行，當可收權責管理成效。雖然部分的總和不等於整體，但在主管單位的要求下，以量化數據來說明業務狀況，仍然是必要的措施。

例如文化部所倡導五大文化園區究竟各有特性，各有主軸業務，應如何顯現成果，不必一致標準，卻也要一定水準的事業要求。

除量化結果作為單位或廠家的比較成果外，文創產業也得在質性研究著手，因為「文創產」有關的本質是文化的、藝術的、創意的產業，有的是傳統文化新生、有的是長期培育人才、有的是發掘過去忽視的資源，有些是對人類有益的發明。例如電子業的文創、日新月異，雖然也可以量化，但品質的良莠或影響他項事業的觀念都遠高於一般性的數量統計，因而必需在品質上追索它的人文價值，以及由價值產生的價錢效應。

文創產業評量的機制，應設有長期的評量機構，它的權責亦應具有法律效率，以及列項條件與標準不宜模糊不清或變數太大，否則「心證」過多[註2]，評量效率將會大打折扣。例如訂定全年應有多少利潤報酬，在討論或設計的過程已作合理並且通過會議的程序，這便是必要執行的責任，其中量化亦可說明營運是否盡職，而要求有口皆碑的品質，則是產品加值或價值被認同的範疇，將是「文創產」是否

成功的要素。

此外,「文創產」評量,尚有(1)認證制,對於良善「文創產」單位獎優汰劣有其必要。(2)責任制,不論自營或委外的單位都應訂定作業準則,依法督導業務的進行。(3)考評制,定期依規則逐一檢視作業狀況或不定期有駐地督導人員。(4)研修制,檢討過往業務是否有進步空間,策勵開發新創意文創,必須有業務研修的機制。(5)服務制,隨時支援條件不佳的廠商或獎勵具競爭力的新團隊。(6)追蹤制,亦即管控文創事業進行的利弊得失,以為營運的的參考。總之評量只是提升「文創產」事業的競爭力,還需要管控的部分便是「人事」檢討與作為,尤其「領導人」的專業能力,是註定「文創產」事業成敗的關鍵,若缺乏理想與目標的訴求,任何一項評量制度都將無效。其所影響層面將不利於文化政策的推展。

製作表格逐一檢視,與訂定自評與目標的自我實現。重點在人,也在誠心上。評量工作對文化創意產業來說是項績效考驗,也是激勵產業動力的要素。

註 1:五大文創園區

| 華山 | 5.56 公頃 | 文創產業與生活美學 | ROT 案:臺灣文創公司<br>OT 案:臺灣電影文化協會<br>BOT 案:華山文創公司 |
|------|-----------|--------------------|----------------------------------------------------------------|
| 花蓮 | 3.38 公頃 | 文化藝術產業結合觀光 | ROT:新開公司 |
| 臺中 | 5.6 公頃 | 臺灣建築設計火車頭 | 主要由文化部文資局營運。其中 1 棟採 OT 委外營運 |
| 臺南 | 0.56 公頃 | 發展創意生活 | 南臺科技大學租用 |
| 嘉義 | 3.92 公頃 | 傳統藝術創意 | 新嘉創公司租用 |

資料來源/文化部文創司　　製表/周美惠　　■ 聯合報

註 2:例如無形文創產業的評量方法,其流程亦得在「成本法」、「市場法」與「收益法」三大類為規範,其要點在會計制度上有精密的規則,可作為文創產評量的參考。

# 傳統是文創產的深度

什麼是傳統，應是說是文化的繁衍，也是歷史的經驗。因為有傳統，所以能夠了解先人過往的種種生活狀態，在不斷的進展中取其精華，棄其糟粕的過程，因而產生了可以比較的事例，在擇善而行的積極層面下有了不同事務的選擇，其構成要素是生命價值的認定與覺醒，進而有一條聯繫不輟的人性繩索在導引生活的秩序與倫理。

傳統是文化呈現的經驗，經驗提供過去社會變展現實，也整理未來社會進步的希望。

傳統是歷史，有其時間性的綿延，有時間累進，就有空間的定點，所以時間的空間性在於不同時段，有互為表裡的功能，這項功能便涉及到時空軸線上人的定位。「人」是歷史的主體，也是生存意義的主角，它是萬物之靈，是文化繁衍的真實。

那麼，文化就是傳統，在傳統裡我們看到時空萬象，有消有長，有生有死，代代相依相存，這又是一番思考與學習的課題，不論以縱向審視歷史功過，或橫向檢討生活的經驗，有一個交織點所拼出的火花，如「觀乎人文以化成天下」出自《易經》，「人文是人群相處種種複雜的形相」錢穆的解題，當知人與人之間的矛盾與合作，以及作為相處的規律。這規律

就是經驗，也是人性選擇有益於共處的意向。

這意向是積極性的、向善的、有益生活的社會意識。它可以是四季更迭的適應或是地理環境的依附，以及人性抒發的圖象或圖騰。進一步說，以藝術作為文化的簡稱，那些繁文縟節後的簡約，就是具有創意性藝術美的呈現。

就是傳承傳統經驗的精華，棄蕪存菁的過程，演化成為該民族的生存與生活的重心。是在不斷創新的創意中成長，那是文化的真相，雖然文化對於各民族的評量不會有高低之說，但文化是文明程度的象徵，也是建立在該文化體的產生與維護中成長。文化歷史越長，傳統更旺，而傳統便是擇善而取、擇優而存的有機體，「周雖舊邦，其命維新」就是這個道理。

文化的深度決定文化的溫度。傳統是文化現場的象徵，它包含縱面歷史的深度，以及橫面社會意識的廣度，兩者在「文創產」事業是原生體，也是相對應用的條件。

傳統衍生的文創產業，究竟有何可觀之處，茲以日常生活所見、所需、所能列項，分硬體、軟體說明。

其一，硬體部分，亦即環境造景如中國的萬里長城，幾千年的風霜，不只是歷史的禦敵建築體，更是人類創造的偉大工程，留傳至今，故事滿檔，幾世紀前的人事物躍然眼前。當今除了提供觀光之外，遊家所憑弔的是時間，也是歷史，更是文化體的見證；又如西方的山嶺古堡或大教堂，除了貴族生活的詮釋外，宗教信仰的演化，不是也成了現代生活的借境？仰望古代人文精神，當華格納在新天鵝堡演奏樂曲時，當下的迪士尼遊樂園，不就是以它的城堡造型為時尚？有更多的歷史建

築，如兩岸故宮或各地寺廟的建體，它的功能已超越了宗教信仰或威權的彰顯，而是傳統文化的演進，若身置其間，一股幽幽風情必然油然而生。餘此類推硬體建物或千年、百年都代表一個時期、一個故事產生的文明，傳統提供可為新生建物的經驗與比較，使更能達到居家與生活環境共擁的氣勢與心境。

其二，衣飾時裝，不論衣裳形式如何改變，傳統中的衣以敝體，服以保溫的實用性之餘，必講究時尚的流行，或者說以實用為尚，美麗為意，因此，便有盛裝便衣的製作，才有服裝設計師的行業。古代稱為女紅，今日尊為師父或某某大師，都說明衣冠羽袍對於生活儀態的重要。從戲服或古裝都明白衣飾變化，在於時空因素與使用者身分的分辨，當然也有貧富貴賤之別。衣錦者是繁複與簡潔，端看設計師與使用者的需要，它也有民族、氣候與歷史演化的不同，可以追索族群與民俗習慣的源頭。例如旗袍之於歷史與宋代女性服裝有關，與現代女性展現身材的時尚聯結，更是中華文化底蘊的勃發創意，若加上婚紗禮服，所變易為新款式，便是加值在文創新境上。

或以花藝為例，中國花藝源於漢唐供養神位的祭品，代表新生啟明與愛情的吉祥物，甚至在酬禮盒上點綴花團，既有滿足的意涵，又有欣欣向榮的象徵。進而以花作為神桌供品，到單獨陳置客廳茶几的花藝，均以生活情境為基礎，既可美化環境，又能展現插花師傅的才情。並傳世於日本成為池坊流、小原流等流派。事實上，中華文化的插花更源於傳統的供花，配合古文物器皿的造境，進而有提藍花藝、頭飾花綴，以及酒器、水器為底的插花文學，甚至在大廟堂營造出山亭水榭的花團簇

傳統文化往往寄寓在廟宇信仰上,傳統是一個民族文化深度的象徵,也是文創產值的動能。圖為板橋慈惠宮廟埕。

湧,即所謂現代花藝造境。這項以古為師出自傳統的花藝,更甚於往昔新境而成為時尚文創事業。

至若餐飲美食,兩岸共創別於西方口味,更是其來有自,不論是川菜、粵菜、江浙菜或米飯麵食,自古皆是口齒留香,而今

中華文化源遠流長,在巷道、古街自成風景,不論造景、街飾或百貨市集,都顯現傳統文化的多樣性與特殊性,更為文創產的根基。圖為成都新興老街。

秉持傳統之餘另創垂涎美味,謹謹是一碗度小月麵或牛肉麵,都成了國際美食品牌。

　　另說戲曲的劇別,豫劇、京劇、歌仔戲或布袋戲等從傳統表演方式而來,故事當然也是傳統留存,卻可轉化或創新劇碼,如

《霸王別姬》在國際表演、藝術發光，都以傳統為根底，成為「文創產」的創新元素。至於臺灣的廟會活動，依古巡禮「古意」就是傳統倫理與文化，加諸在當代的精神啟靈，締造新儀式、新產業；或說國際奧運會由純粹的運動競賽，到今天被搶辦的演化，更是以傳統作為現代文創事業的亮點……。

傳統是文化創意產業的深度，不論在生活上的衣、食、住、行、育、樂或是科技應用，都是循序漸進，也都來自傳統智慧的承受與發揚，才能達到以古鑑今的文化價值。相關前述例子不勝枚舉。這一現象的認知，旨在強調繼往開來的文創意義，也是作為人類生活創意事例的開啟。

中華文化傳承數千年來，歷史經驗是傳統，社會機能是創意。傳統與創意的兩端是歷史、知識的疊積與沉澱，開發文創產業就得以此「金光萬條」的故事中吸收創意養分，並於「虹彩閃亮」中迎接產業品質提升，在傳統中挖掘文化的深度。

「天行健，君子以自強不息；地勢坤，君子以厚德載物」，自強不息是創意力量，厚德載物是成效滿眼。傳統是文化創意產業的深度，也是產品提升競爭力的標記與價值。

# 〔第19講〕免稅商店文創產

在這裡所談的免稅商店是指著出入境的機場賣場。

當國際旅遊蓬勃發展，出入機場客源繁多，在機場等待搭機的空間，正是設置商店展開商品販賣時機，雖然不一定每位旅客都會在機場的免稅商店購物，但既然有品牌、有免稅、又有適意的商品陳設在前，即使不買，亦可以作為賞析之用，或作為「精神」產業的有形物件，足夠供遊客在知識與經驗上受益。

對於機場免稅商店所提供的文創產品，是否不同於傳統所陳設的商品，有待理念上的認知。好比為何這些商家都很在意設置的地點與服務的績效，包括每位旅客進店的時間，或有多少比例的客人會進場採購商品，則是近些年來被重視的機場商機，其營業額龐大，且在選購紀念品或禮品時，是被列為具備層次的交易，至少是被視為可珍惜的旅遊紀念物。

為何有如此特質，或許可以分析機場免稅商店的特性。（1）入境時，除了歸鄉旅客，國際人士懷奇賞鮮，機場是最新入眼的場景，一切景象討喜。（2）旅行者大都懷有一顆愉快的心情出入機場，儘管公務或私事，必在機場滯停時間有一份興奮感受。（3）時間有限，若在忽忙中想帶回一些禮品，必定是具有地方

機場設置免稅商店，吸引旅客購買慾，若有「文創產」商店，則更具文化特色與國家軟實力的展現，
亦可提升商品的品質。圖為國立歷史博物館設於國際機場的商店，廣得各界好評。

色彩的名品。（4）購物經費雖有預算，如有剩餘財力，也可自由
應用購買。

　　這是機場常見的旅客心理，然機場陳列的商品不外乎是高級
日常用品如衣飾、化妝品、名酒、一般性藥品、食品等等，外加
紀念品或禮物之類的文化性品類。這些商品陳設在機場，全球無
多大差別，除了有些機場特別提高某些品名的價錢外，國際名牌

免稅商店的文創產品，必具地方性、特殊性與藝術性，才能吸引旅客的購買動機，其中環境布置與文創品的搭配亦有高水準的設置。圖為歐洲一家服飾的免稅商店。

名品都是一樣為販賣對象，在甲機場也可以買到乙機場有的同一品牌時，何不回自己的百貨公司購買，何需千里迢迢負重操心呢？

因此，在機場免費商店的陳列商品便有了新的選擇，尤其「免稅」的招牌，以高級的禮品（不一定高價錢）、紀念品、藝術品為主的文創產品為主，它的面向就集中在文化創意產業的產品。「文創產」業的特性已如前幾講所說的，是以開創性、特殊性、

藝術性、在地性為主軸的美學標的。

這一標的範圍與產品所陳列文物品，必須是文化的、藝術的、鄉土的、精緻的，甚至是歷史的，也是社會的創意產品，至少是時代的、國際化的與地方性的創意作品，好比陶瓷餐具，除了品質高級燒製外，亦得具當地文化特性，如青花之於元代所傳承的東方文化象徵或是臺灣藍鵲之於臺灣環境的特產，餘此類推，除了製作者的藝術修養能力外，以臺灣為水菓特產品應用之衣錦設計，或是以臺灣竹林為圖案的家具等所應用的創意作品，若是精緻且具藝術性的優秀作品，何憂滯銷！況且機場是國際的，也是國家宣傳工具，以文創品作為門面，既可展現國家的軟實力，又能增強創意產業的競爭力。

機場旅客在特定時空活動，有甚多的新設施在調整，旨在提供更好的通關經驗，或因轉機多出來的時間，是否使旅客能暢遊機場的各項設施，如孩童玩耍間、咖啡休息室，畫廊或提供上網等等以客為尊的設備。或設立航站圖書館與博物館，將國內著名博物館的資訊做簡要的陳列，使向隅旅客能在機場得到參觀的機會……不勝枚舉，因為以機場客運的流動量，足夠設置各項文創產品，何況在時間不多或在特別設備的展示櫃上，更能集中精神欣賞成品。

那麼，機場免稅商店所陳列的文創產品，應該包括那些項目？雖然是因時因地而制宜，在開放的國家中，若先集中下列項類，當可了解在這特定的空間上，更有利於文創事業的發展；其一，除了千篇一律的化妝品、酒水、食品外，廠商選擇提供有創意的民生用品，新開發的禮物例如整套餐具、衣飾時尚、

限量禮盒應景紀念物等等，以迎合顧客購物心理需求。

其二，推出特產，以地方名品為宗，例如臺灣的鳳梨酥、日本的拉麵、大陸的茅臺酒，或者說臺灣竹製手工藝品、原民編織等，均可在特產商店經營。特產商品是地方文化的展現，創意開發值無限。

其三，藝文畫廊，亦即更為代表藝術文化層次的設施，不論是畫作、文藝出版、文具禮盒、CD 製作或是相關的文物創作，都是陳列的主角，或更為單純的店，畫廊、音樂館等單獨的設置，除了使出入境的旅客有機會親炙當地的文化氛圍外，提升遊客求知慾，在休閒娛樂時得精神舒朗的效果，也是一項國家應該投資的文創產業。例如，國立歷史博物館在機場設立文化服務處經營四十餘年的績效，可說明遊客心情向背。

其四，航站博物館，分別以該地區或文化特色，設置大小不同的博物館，不一定是有過大的空間或者是某一博物館的分館，除了提供展示、教育外，亦可出售複製品或相關新產品，當然在規範與條件不同之下，實施最深度的文化產業，乃是國際竭力推展的工作。例如在正式的博物館展示古文明文化，在航站亦有小型或複印的文物展示，不僅提供出入境旅客一分文化原貌的欣賞，亦可解決時間來不及前往正式博物館看展出的遺憾，再者亦可作為行銷該國文化的窗口。

博物館文創，除了與展出有關的文創產品外，它最大的「商機」，是吸引觀光客參訪的功能，也是國力深度的探索處。當前國際博物館協會（ICOM）會員數千館，均為該國文化、歷史、社會、自然科學研究中心與展示場，也是行銷該國國力的

重要公益事業，因為公益具有宗教情懷與文化美學的因素，雖然是非營利組織，卻是吸引觀眾自動參訪的場所，也是觀光客最喜愛的異國文明實證過程，甚至達到知識與情愫的滿足。它成為國家對外、對內服務的亮點。

但觀光客並沒有長時間前往參觀時，若能在機場設置分館或展場，必是一項強力的文化展示場。場內配合創意的文創品，也可滿足喜歡搜集文物的觀眾。這項機場的文創產相信是項前衛也是新潮的觀念。

學界都知道，研究某一項學理時，都可能引導企業界的產界發展。國立歷史博物館最早（五十年前）在機場設計文物服務處，因為有別於免稅商店的推銷，在靜默中得到觀光客的喜愛，至少，在上飛機前的空檔，為旅客提供一處文化品賞服務，對於社會發展都具備了正面的意義。

免稅商店設在機場內，在有限的時空環境下，為這群奔走國際的旅客多一些文化創意產業的介紹與服務，確實是國力展現的現場，值得提倡與推展。加上物美價廉，免稅與售後服務，以及陳設特色產品、限量品、精緻品、藝術品，它比之一般商品更為亮眼。

# 〔第20講〕庶民生活是文創產的重心

　　文化創意產業的目的，在於增進人民生活的幸福，也要求品質提升的生活環境。因此，大眾生活即老百姓生活的物質需要，建立在有意義生活的價值裡。

　　換言之，大眾即是庶民，包括士、農、工、商、貧、富、貴、賤的種種現象，在生活基調的需求，如衣、食、住、行、育、樂的分項，以及社會秩序、生活環境與生存價值都包含在庶民生活的常態。由於人是社會的群體一分子，必須在追求「幸福」的理想下，遵守社會共識的規律或潛規律，才能在基本的要求下衡量生活是否幸福或有意義。

　　既然文創產業是為大眾謀幸福的近代人類社會活動，強調創意或創造新造型、造景、造境的新經驗，是滿足生活的需要，以及呼應生命的價值。

　　在有形「文創產」類項中，生活所需的物類或人文價值，是否依人類在演化過程中修正自己或環境條件的適應，而有傳統到現代、繁複到簡直、綿密到時尚的創新。自古至今都可看到它在演變與改進。而「演變與修正」便是創意的原動力，也是作為大眾依循「進步」的條件。在各有特質與各得其所的進步程序裡，便是文化創意產業的主軸。

　　面對「創意」是產業加值的動名詞，值得一提的方法或見解，是在需要趨力下，強化原有功能或改變更適合生活的品味。好比古代初民席地而坐，手抓食物用餐，而後以碗就口、以刀叉或筷子夾菜，這種用餐方式就容易了解生活需要而創意新式用餐方式與食器的改進。或以樹葉為帳，築穴而居，演化為織布遮體、建屋為室，也是說明代代更新、時時新穎。如此等等檢視生活由實務的應用到達精緻幾近儀式定律，都是因創意而來。

　　庶民就是大眾，就是老百姓，是自成社會的一群人。大至國際、國家，小則以城邑或鄉里，他們生活在公共時空中，不論是自然結合或是人為排比，庶民的基本意義，就是全民皆然的生活形態。

　　形態中的生活秩序，衣、食、住、行、育、樂等人性所及，必成為文創產業持續發展的重心。

　　茲列舉數項為例。（1）飲食的演化，從溫飽到美食，而以食的藝術定性，不僅是各地方爭相研究的對象。中國菜有川、魯、粵、湘等菜系，加上臺灣各處的小吃美食，其年度產值無可計算，若僅以鳳梨酥的年產值，就有近一百五十億臺幣，其他食品更為蓬勃發展；或以酒類在臺灣的金門高粱，年產就有一百億臺幣以上的產值；那麼大飯店餐廳的營運就更為壯麗了。（2）住家的環境整理，所謂景觀設計，自古以來的風水之說或是近日的綠建築，都可看到住屋發展於創意思維的證物。加上從傳統到現代的室內設計與家具陳設，所歸納的產值更是二、三千億元以上。至於與居家有關的家飾或壁飾，更是大眾日常生活必備的視覺對象，其裝置亦有週期性的需要。（3）衣飾除了居家，外出服裝

有所分別外，古典款式與時尚設計常在交疊中互為表裡，可說十年大變、五年必有新設計的流行款式，以改造生活情趣，或為結婚禮服或其他因素特別活動、單位的服飾，因人口更替、年齡有別，衣飾的演化，可說創意無窮，文創商機無限。（4）交通工具，從都市計畫、道路整修以及基礎建設，要花費頗大經費與執行人員。小至個人的交通工具，不論是單車、汽車或飛機，除了可以提供行的便利外，亦與創意有關的快速、美感造型、安全舒適等藝術安置，豈有粗製濫造的空間，它必得和科技與藝術，社會與服務的創意人才有關。（5）庶民百景、生活百態，尤其新世代的創意又達高亢狀態，如動畫遊戲，科技領導或藝術表演方式都增強欣賞的熱情，例如大型音樂會、國際會展等育樂項目的研討，更臻科技化與流行。（6）廟埕文化，是臺灣很特別的文化傳播處，也是產業處。在臺灣一萬二千處登記有案的廟宇中，廟前廣場除了迎神賽會外、平日在廣場的商機，如小吃、販衣、說唱、藝術表演，包括民俗藝術、布袋戲、歌仔戲、皮影戲等的不時演出。結合了大眾生活或市場機能，更重要的是，廟宇也是中華文化傳習場所、教育中心，這項「文創產」的資源，已超過制式的設置，真正達到文創產業的核心與對象，是文創工作者應集中心力開發全民生活的文化創意產業。（7）因生活而需要，因需要而創意。臺灣很多農產品的生產遠遠超過其他地區，並作為加值產業的精緻農業，如花卉栽培、水菓的甜美或漁業加工等等，都以文化創意加值，提升它的產值與行銷。例如傳統製作的鳳梨酥約值臺幣五億元，因包裝設計與藝術加值後，臺灣的鳳梨酥年產值已達一百三十幾億元。其他農產品，也因為文創工程，

名勝風景區可以吸引大量觀光客，也是文創品的消費處，除備有生活所需的產品外，如何增強名勝
的景觀記憶，也得有創新的考量。圖為奈良東大寺前的梅花鹿群，更具文化特色的展現。

衣、食、住、行、育、樂相融相濟，都是文創產業的重要選項。圖為淡水漁人碼頭一家巧克力博物館開幕時舉辦以巧克力服飾為主題的活動。

大幅提升它的品質與營運利潤。

　　庶民文化是大眾生活的真實。因生活而衍生的文化創意，乃基於精神層面與物質需求的給合，也是社會發展的驅動力。文創工作者必需在這項文化的品類上研發創意的方法，相信它可以引導生命價值與生活意義的亮光。

　　相信文化創意產業是為增進大眾幸福生活為目的，任何一項有益於社會發展的文創產業，都需要苟日新、日日新、又日新的創新，以達到大眾生活的安和樂利，富民強國的目的。

［附錄一］
# 博物館商店與文化創意產業

## 一、前言

2015年適逢國際博物館商店協會（Museum Store Association，簡稱MSA），成立六十週年，各地依然會舉行與之相關的活動或學術性的研討。使這個非營利事業中的產業部分，有了更多的實踐及問題討論。它是值得正視的博物館營運策略，也是一項新思維、新方向的另類博物館功能。

以博物館商店為譯名，似乎是有些文不對質的說法，若再以「商」為標題，也很容易被冠以做生意的聯想，對非營利性質的博物館運作，將會受到排斥。尤其臺灣的博物館，寧願以各項替代名詞，作為博物館對外營運的方式，而並未對博物館商品店有正面的回應。致使研議相關的「合作社委外經營」或「公辦民營」，以及「BOT、OT營運」之方案，企圖使博物館的運作能有較活潑的功效。

本文討論博物館的運作是否已達到應有的功能，但博物館商店，卻是值得一提的課題。若在檢討博物館的生活化、社會化、實踐化的過程，都得有博物館商店的運作，那將是國際博物館新

生的契機。其中作為文化產業的博物館，不論是政策的實踐或是實質的有效運用，博物館商店均扮演著舉足輕重的角色。

首先得說明博物館商店協會的組織，乃是六十年前正式成立於美國丹佛地區的文物衍生品的機構，旨在提供博物館文物品再生與教育服務的機會，並能增強民眾對博物館的學習動機，期能使民眾更接近博物館、喜愛博物館。

當然，博物館對於博物館商店，初期並沒有過多的期待，僅是以博物館為名銜所印製的明信片或小雪茄盒，使觀眾亦能隨手帶回一些記憶或留念。任誰也沒有想到經過一世紀以上的醞釀，博物館商店轉變成為今天複雜，且成為博物館品牌的行銷重點，並有其更為直接的使命，使博物館功能得以發揮，再生更大的功能。

對博物館界有更多的互動與了解，當今成功的博物館營運，必然有一個區塊是因為設置了具有特色的博物館商店，包括當下所熟知倫敦的維多利亞與亞伯特博物館（Victoria and Albert Museum）、紐約的大都會博物館，以及波士頓美術館等，它們是博物館商店的先行者，當時提供的商品主要是展覽圖錄、明信片和紀念幣。當博物館商店未組成以前，它是被動且是附屬於某一個單位的販售櫃台，若沒有觀眾詢問，這些商品是鎖放在寄賣箱內，並沒有多大的行銷功能。

但是，就在半世紀之前，博物館營運顯然受到商業機制的影響，除了本質上以非營利事業作為服務人群的功效外，更加入了成本概念的行銷，使附屬於博物館事業的衍生品，成為文化產業的主角，並且大大改善了博物館從業人員的服務態度。

北京故宮博物院重視文創產的開發，希望成為大眾共享的文化產業，得到新世紀的發展，舉辦各項相關研討會。圖為筆者與王亞民副院長於會後合影。

　　之所以有如此重大的改變，當然是博物館是為人服務的機構，它具有一種精神價值指標的功用。精神價值包括有形的物象積體，以及知識情感的認知、增進與發掘。不論是任何形式，博物館商店運用博物館文物的精華與特色，複製或強調文物品的精神，是很受觀眾喜愛與懷念的，在一種圖形凝聚的意象中，購買或攜帶相似的紀念品，是學習與再生場域的現實，頗受大眾的喜愛，而且具有生活體驗的真實感。

　　或許應用企業行動加注在文化傳遞的工作，也受到了工商時

代，科技發明的刺激與影響，例如：上世紀洛杉磯奧運會開始以炫麗的科技造景、人文精神的綜藝性展演，造成大型活動風潮，博物館從業人員當然有所感悟，順應潮流，在不斷的研議中，更因應了企業體所贊助的回饋期待，使博物館行銷方式，有大幅度的改變。

換言之，博物館文化產業的興起，更注意到社會發展的主軸，以企業性管理，更具效能的領導，乃在博物館商店是一項特有的區塊，它適時應用了企業方法，從成本到效益的指標中，開始投入不同的行銷方法。包括了館際合作或是主題展的設計，並配合廠商的文物品複製，把特展之標幟，獨特放置於文宣上，對於博物館的教育功能，借之文物品的衍生而更具普遍性與實務性，促發文物品的新生命力。

這項措施，無疑是近半世紀以來博物館營運的一大進展，即結合社會發展的需要，又以企業策略行銷博物館，除了增強博物館的功能外，也添加文化產業的現代意義。


# 二、博物館商店的運作

博物館商店是博物館營運的方略之一，也是深入大眾教育的具體行動，儘管它在非營利事業當中，常受到不解與疑問，但成立協會的宗旨為輔佐博物館的教育功能，以及協助其中一部分的財政問題。尤其近年來，國際間對於博物館經費挹注日漸不足之下，博物館商店，儼然是博物館管理者必需面對並予以重視的問題。

　　六十年來，不同國家、不同類型的博物館，以博物館商店作為行銷的方法，是他們共同的特色之一，並且都有良好的成績，諸如前述所談及的英國大英博物館、美國大都會博物館等，他們的博物館商店都是他們形象建立與財政收入的重要機構，其中如芝加哥藝術中心，博物館商店的收入更是人事費支出的部分來源，至於其他國家博物館也紛紛成立了博物館商店，甚至成為博物館零售業（museum retail industry）的專業工程，除了特展的規劃文物衍生外，更有計畫面對單一觀眾的零售，使博物館功能由古典性質轉向現代新行銷，使它在民主的意志，自由地接受種類繁複、不同詮釋的文化產品，這項趨勢也是造成近五十年來漸漸形成文物產業的要素。

　　眾所周知，紐約古根漢美術館除了自身有博物館商店的運作外，進一步把企業行銷方法帶入文物美術館，自藝術與管理專家湯瑪斯・克倫斯（Thomas Krens）擔任館長以來，更擴大其跨國企業的行銷，使其美術館立足於世界重要城市，甚至一度有意引進台中，姑不論其動機如何，然作為企業化的博物館行銷，除了美術館具有其特質外，博物館商店也是它的重點之一。諸如此類的運作，如新興的英國倫敦的泰德美術館，亦採同類型的營運，而其美術館商店更具企業化多元行銷，促發了美術館業務的蓬勃發展。

　　基於博物館商店的有效運用，更多的博物館或美術館，均開始重視商店的設置與應用。當大量的觀眾湧入參觀某一特展或慕名而來的參觀者，除了參觀文物品外，在品嚐其文化性與教育性上的著力，便尋求其休閒性與娛樂性，這也是博

物館商店因應而生的動力之一。茲舉例於2004年重新整修的紐約現代美術館（Museum of Modern Art, New York），簡稱MOMA，就規劃出三塊面積頗大的商店區：其一，MOMA設計商店，展售美術專題圖書、藝術複製品和設計類商品；其二，MOMA書店則提供各類教學、學術的展覽圖錄、畫冊和出版品；其三，展覽商店則販售與館內當期展覽有關的商品。對於改建前與改建後，其基本的理念在於博物館商店不再是小小的角落櫃台或是臨時圍起的販賣處，而是經過博物館從業人員充分的溝通，尋求商業與文化間的教育性質，平衡過於娛樂性與商業性的習氣，使觀眾受到更大的照顧，包括兒童、婦女、家庭、老年人及觀光客，促發文化主題的行銷活動。其中如展示空間、休憩處及動線等都具很特別的吸引力，但不失為博物館營運的內涵價值。因此，自2004年11月重新開幕，到2005年5月，銷售成績相當驚人。MOMA商店的經理凱西‧松頓拜斯（Kathy Thornton-Bias）說：「我們以超過百萬美元的業績擊敗了所有其他假日休憩點。」[註1]

　　或許博物館並不完全注重博物館商店的業績，但促發觀眾購買衍生品，必然與博物館展覽品有關，至少是引發觀眾進一步追求文化張力的興趣，是受到肯定的。例如在2004年9月開幕的美國國立美洲印地安博物館商店，博物館在開幕當天徹夜開放，結果吸引了二萬七千多人前來參觀，這項記錄是沒有其他的特展可比。該館在商店開幕前，慎重研究並選擇與印地安族群有關的特製文化商店，好比族徽、衣飾或音樂帶、工藝品、書籍等，並且透過商品的選擇與特殊陳設，道出了各

部族的故事。行銷者與策展人密切合作，發展出一套教育標示，讓參訪者藉以理解各個部族的歷史，以及精確的說明卡，甚至限量的紀念卡等等。這個商店的開幕之所以有如此轟動的成績，完全在於事先正確選擇代表部族文化的結果，商品經理麗莎‧瑪索（Lisa Mazzio）說：「部族對於代表性商品被選入博物館商店感到相當興奮和驕傲，史密森民意機構選擇部落出產的商品，讓他們覺得受到尊重。」由此可知博物館商店的特殊性與尊貴處，而不是一般商家的販賣品，這也是博物館商店近五十年來，受到重視與發展的空間。[註2]

有關前述的成功例子很多，如近年來在大都會美術館展出的「竇加」（Edward Degas）或「埃及圖坦卡門王木乃伊」（King Tutankhamen）或MOMA展出的「馬諦斯（Henri Matisse）特展」，甚至是荷蘭梵谷美術館的「梵谷」（Vincent Van Gogh）特展等籌劃，均把博物館商店的機制考量在內，尤其法國在20世紀末期成立的國家博物館總會（Réunion des Musées Nationaux）專門處理各個國立博物館典藏品被提出展示或出版、複製時的版權問題，也以公共權責作為分配盈餘的機構，雖然各個博物館均設有大小不同規範的博物館商店，但統一認定或核示之單位，則是法國文化及資訊部所轄屬的國家博物館總會，這一法人組織，事實上規劃了博物館商店的運作模式。

博物館營運，在社會需求與環境變易下，博物館的經營已不只是傳統的研究、展示、教育、典藏等的功能，它已成為休閒、娛樂、溝通、圖證，以及文化傳遞與學習的重點，更是國家形象與藝術產業的一環，尤其在資金不足、人力不濟、資訊日新月異

故宮商店在文創產業中具有文化指標之作用，除精選具備文化特色之產品外，如何提升大眾生活品質，亦列為重點。

的時代，博物館商店可補其不足，至少提供了部分的資源，挹注博物館營運所需的資金、人力。

## 三、博物館商店的省思

博物館商店從早期的服務箱或寄賣處，處於消極的應付觀眾，到當前成立了博物館商店協會，乃至成為博物館零售業後，多元經營的博物館專業機構，簡直不可同日而語，之所以發展得如此迅速，一般看法應有下列要求：一則是戰後人心思靜，開始對歷史文化有進一步了解的興趣，使文物品得到充分的認識，因

而在民主思潮的洗禮之下，更需要研習不同文化背景的文物品，促發民眾對於博物館的重視；二則是從「物」到「人」的新博物館學，博物館功能在行銷方面所依賴的複製品、衍生品或更複雜的文物再生品，必須有一專屬販售部經營，增加博物館功能；三則是在多元社會發展下，新科技時代的來臨，博物館商店的運用，可以增加財務收入，吸引觀眾的參觀，在嚴肅的博物館營運之外，添加了娛樂性，並可購買衍生品回家。換言之，可以帶回家的文物複製品，加長了觀眾對文化學習的時間，也引發大眾對文化本質的尊重。

博物館展示品，通常是只看不能接觸的氛圍，但博物館商店展示品，卻是自由選擇的觀賞品，既可研究、學習，亦能品味及欣賞，是個沒有距離的場域。然而，博物館商店畢竟依存在博物館營運中，有很多的博物館管理者，包括董事會、館長及館員，初期並不認同博物館商店或博物館零售業，是不被倚重或看重的行業，甚至很輕蔑並故意避開這一區塊的實際銷售情況。但是，當湧入博物館商店區的觀眾比進入博物館展覽場還要多時，博物館管理階層者才意識到，商店不能再只是隨便任誰都能賣的小櫃檯而已。相對的是，商店的經理人也開始思考，博物館商店的功能，是否應更具現場感的魅力呢？因此博物館商店協會（MSA）的組織，才開始積極籌劃。

當然，凡事起頭難，當大都會美術館副館長兼刊物發行人凱勒（Bradford Kelleher）與志同道合者列蒙（John Lemmon）商討成立MSA時，曾在會議上討論說：「該如何讓博物館管理者達到我們的需求以及該怎麼合作？」（We asked the questions："How can we get the administration to do what we need and what can we do together ？")，[註3]從博物館商店的角度，看博物館管理層面，是有多麼難以理解的鴻溝。如MSA成員藍尼（Terry Learned）說：「我想這個產業最大的挑戰，就是被館長視為次等公民」（I think one of the greatest challenges for the industry was being considered second-class citizens by curators.），又說：「商店一直以輕蔑的方式被形容為商業化，沒有獲得適當的評價，對心理也造成很大的負擔」（The store was considered commercial in a pejorative way. Not being valued properly was psychologically tough.），[註4]諸如此類現象，都使MSA的組織，有更多的難處與適應。但五十年過去了，MSA的會員們成功的使這一文化產業達到令人重視與滿意的階段。其中有幾個重要的關鍵，在於博物館商店的成員，同時是博物館的專家，也是博物館行銷專家，在他們積極努力奮鬥下，原來不以為意的博物館館員，在商店擔負更多的博物館營運的立基時，好比財物的資金挹注，更有效實施博物館教育，以及蒐集文物入藏博物館等等角色的改變，使原本保守、傳統、嚴肅、不易使人接近的博物館，有大幅度的改變，並成為文化產業的有效工程。MSA組織奮力的結果，包括作業人員的專業，可以看出以下的成效：

其一，MSA成員進入了美國博物館協會（AAM）為董事，使博物館正面認定MSA的重要功能。正如哈比（Gretchen Hobby）說：「由於我們在美國博物館協會董事會的席次，終於可以讓博物館董事會看到，我們應得檯面的席次，且獲得他

們的尊重」。[註5]

其二，經費的籌措部分，可由商店盈餘資金挹注。曾任聖地牙哥人類博物館（San Diego Museum of Man）助理館長的菲莉普（Shirley Phillips）為MSA長達三十五年以上的會員，即指出早年，博物館35％的預算來自市、郡政府和聯邦的資金，2005年政府資金資助我們博物館還不到9％，不足部分不少是仰仗於博物館商店的盈餘。

其三，專業素養的具備，博物館商店的零售，已由隨興到專業經驗，大大提升商店的可信度，並且與博物館人員都具備專業能力，甚至更切實際地使觀眾滿意。菲力浦說：「今天，博物館零售人員的知識更為豐富專業，也投身於提供參觀博物館者整體感受的重任。」[註6]（Today, museum retailers are more knowledgeable and committed to enhancing the visitor experience.）

其四，可移動的博物館，由於商店近二十五年來，複製或衍生產品的技術，已進步到讓更多不同的博物館，可以有實際的客製化產品（custom-developed products），書籍、海報、絨布玩具、織品、珠寶等商品，都是源源不絕的製造與供應，有更多的技術製造文物品，圍繞於博物館專業的四周，儼然是可以移動的博物館，而且沒有平日與假日之分。在紐約美國自然歷史博物館（American Museum of Natural History）行銷經理，也是MSA的會員德古斯基（Martin Tekulsky）說：「我們樂見商店規模和商品選擇等方面巨變，博物館商店以往是假日休閒的目的地，今日不僅只在假日而已，人們平時就想去博物

館商店了。」[註7]

其五，科技應用使然，數位後的博物館營運，以其所屬商店作為行銷的管道，便能越過時空的限制，如網上博物館、網路訂單或在討論室留言，在廠商資料庫取材，都促發博物館商店的發展。

但是，博物館商店，畢竟不是博物館，但只有博物館的專業，沒有商店的專業，這一行業是不能具有蓬勃的活力的。

博物館商店，提供了博物館業務的一扇門，它是積極主動的，也是開啟新興行銷方法的一環，是博物館營運的輪子，也是動力。進一步說，博物館商店是大批觀眾參觀博物館的前導處，也是參觀博物館後的提物處或歸結處。所以，紐約MOMA零售部總經理凱西·松頓拜斯（Kathy Thornton-Bias）說：「博物館商店有責任追求較高的品質水準，而且還得保證銷售內容必需和博物館的使命有關」，又說：「選擇商品是不斷在文化與商業間尋求平衡，但博物館的使命更為重要，是我們用來過濾選擇商品的準則」。[註8]

關於這些觀念與實務，博物館商店的開啟與發展，實際上，已融入在「博物館現實」的要求層面，換言之，它的使命是非營利事業項下的公益事務，不論商店有多大的盈餘，均得在不違反博物館倫理的原則，而且應用在博物館的需求，亦即「博物館現實」的意涵。

「博物館現實」，乃於20世紀60年代由捷克學者史湯斯基（Zbynék Z. Stránský）所提出，其意義是要闡示：物件被博物館化的價值所在。另一位學者馬洛維克（Ivo Maroevic）

說：「博物館現實」是博物館學最特殊的研究對象，乃是「系統研究博物館物質所蘊含之訊息傳遞過程的學問」[註9]，訊息乃為科學性的與文化性的。文化性訊息與博物館商店息息相承，亦即指物件在社會脈絡下所賦予的價值。同時可以把這些價值具體呈現，便與博物館商店的宗旨相契，是一項文化資產，也是博物館具體服務觀眾的有效方法。

經過六十年的發展，博物館商店已成為博物館零售產業。這裡所說的零售是指博物館商店的服務，是針對每一位個別的觀眾。「人」是對象，也是主角，他有自由選擇接近博物館的辦法，甚至在信仰之餘，成為行動的開始，因為商店的「商品」是精心挑選出來的，必需確保商品資訊的正確，並不斷保持文化的敏感度，才能吸引觀眾的興趣，並且成為共感共信的文化產業。

# 四、臺灣的博物館商店

臺灣光復前博物館的運作，即今臺灣博物館的設立，以人類與自然史為其定位，以及在各地區設置的工藝品陳列所或私人的收藏展示場。即使是在臺灣光復後，在南海學園所建立的國立歷史博物館，也是日據時代的手工藝貿易展示所改建的。或者說，1955年成立的國立歷史博物館，以及1965年建立了故宮博物院以後，臺灣博物館事業於焉開始，並於80年代以後臺北市立美術館、國立自然科學博物館、臺灣省立美術館、高雄市立美術館相繼成立，緊接私立的美術館、各縣市立鄉鎮博

物館或專題館的設立，使臺灣博物館營運，有蓬勃發展趨勢，也邁進國際活動，並且加入國際博物館組織與活動。

　　有這樣的措施與理想，臺灣博物館營運的水準，受到國際博物館界的重視。所以在80年代開始，有所謂的美術館時代的來臨。[註10] 在這種氛圍下，博物館界形成社會一股新興的事業，並且積極從事相關的學理研究與實務的推展。但是在東西文化有別，社會價值未能充分理解之前，有關博物館商店，遲遲無法推展，甚至談到「商店」，就受到排斥，理由是博物館是教育機構，也是非營利事業，具有高度價值理想，怎可和「商」有關係，尤其「商」是生意、是營利，博物館商店的命名，不正是有違博物館運作的原則嗎？加上相關法規的訂定，所有的博物館、美術館幾乎都以「合作社法」作為文物販賣的根據。

　　「合作社法」，基本上是規定員工消費的合作組織，原本是只對員工的服務，不得對外營業，而且採員工自行選舉督導人，與博物館的人、事、物關係不多，政策上也不一定能配合博物館的營運，在作業上屬於防範式消極作為，其中選出的幹部往往不是博物館的主管，這種極為不定性的組織，雖具有服務員工的性質，卻沒有明確為觀眾服務的機制，與博物館商店的積極意義相去甚遠。儘管有委外經營的補救措施，但就作為博物館行銷方案之中的商店，不僅不能學到文化內涵，而且衍生更多的問題，諸如廠商的專業不足或為做生意而生意的態度，甚至經營不下去的現實等等，都對博物館商店設置的意義相悖。實在是個值得被評估與討論的課題。

故宮商店之一展示場，以文房四寶、茶茗器皿等文化生活產品為選項，高雅優美。

　　合作社的組織，並不能有效應用在博物館商店，卻在公屬機構規定下，各安其位施行。同時忽略了文化產業的新生機能，就博物館在求精求實的要求下，經費、人力顯然嚴重不足時，博物館商店的設置是急迫需要。基於國際潮流、博物館營運的需要，中華民國博物館學會曾於2003年受教育部的委託研議「博物館法」時，在其條文已加入各級博物館為營運需要「得設博物館商店」的字眼，並且期待能立法通過。只有這項法規受到重視與支持，臺灣博物館營運，才有機會躍上國際舞台，也才有機會發展

故宮商店另列文物產品，則有自然清真與錯采鏤空之分別，濃縮文化精華作為文創品行銷的名器。

文化產業。

　　當前或許有人對臺灣博物館所附設的文物販售部，認為應要有很好的成效。但就實務上檢討，大概可分為二類：一是合作社員工自行營運，二是委外經營。前者乃自助式，由員工認股，再組成營運團隊，依規章行事，此做法較為缺乏開創機制；後者在訂定委外經營時，雖然有明文規定必需要與博物館性質立場一致，但在無利可圖之下，效果可想而知。若真的有利可圖，博物館為何要放棄呢？此外，前述兩者對文物商店的營運，都缺乏一

種自我實現的使命感，對於博物館功能的發揮，顯然缺乏激發素。

然而，博物館商店隱然成形。現象之一是，遇有大型展覽時，在展示場外，必有規模不小的商店在營業，或稱之衍生品販售處；現象之二是，不論是大小型博物館，都有文物展售處，作為推行博物館教育的視窗；現象之三是，大型博物館除了在博物館所在地，設置商店服務外，在公共場所如飛機場、候客室，也都有專櫃，藉以延伸博物館行銷領域。

從這三種現象審視，博物館在當前行銷時代的來臨，以及業務上的需要，是有必要積極運作博物館商店的。那麼，臺灣博物館界對於博物館商店的設置，應有很具前瞻性的看法，並且積極參與業務的發展，筆者認為當前國立歷史博物館的文化服務處是一具有博物館商店性質的組織。事實上，這個商店是依1955年建館時的員工福利委員會的法源所成立的，至今也有五十年的歷史，初期以販售複製品等文物衍生品的業務，期能提升大眾對博物館的認識與喜愛，並賦有教育的意義，也可補足預算之不足。這種理想與方向，至今沒有多大的改變，唯一的改變是人事費與營運的現代性，與過去的營運模式是有所區隔的。其一，人事費在1995年前是由館內預算支應，之後，改正為自給自足、自負盈虧方式支應；其二，文物衍生品都依法取得版權與複製權，方能製作，並獲館方的授權才能出品，使商店成為博物館的行銷窗口，館方組成監督委員會，定期審議相關的業務；其三，精確規定服務人員的待遇，以及盈餘分配規定，並聘請會計師依法繳稅；其四，從業人員均得定期或當

遇有專題展覽時，必需進修相關的課程，換言之，在商店服務的工作人員，也得有博物館館員的專業知識。

在國立歷史博物館實施博物館商店運作時，國際間亦正在這一事務上作相關的學理研究，並企圖提高博物館營運績效，進行種種實務性的研討。其中問題在於非營利事業的博物館商店是否要繳稅？商店的作用是否有偏離教育立場？以及服務人員的專業素養，可否承擔博物館功能的行銷？還有一些事務性的規律是否完全顧慮？當然，面對這些問題，國際間都經過實證上的討論。美國科羅拉多文史協會社區服務處主任史密斯（Dudley Smith）表示，當商店開始現代化管理後，業務發展績效良好，而國稅局突然開始檢查博物館商店的稅務時說：「當時博物館承受極大的壓力，想盡辦法必需讓商品具有教育意義，至少要跟博物館有關，但是沒有人學過如何避稅，因此MSA便開始彙整這些操作資訊」[註11]，臺灣的稅務單位也一樣，在非營利事業間，尚沒有較具完善的制度，以因應博物館商店的發展。

國立歷史博物館的博物館商店於1998年加入了國際博物館商店協會（MSA）[註12]為會員，顯然促發臺灣博物館事業的發展，有更上一層樓的理想，尤其在機場同時設置的文化服務處，亦即博物館商店，應用企業管理與博物館專業展示，使觀眾受到尊重，文化產業因而落實，並早已於新加坡、阿姆斯特丹、巴黎機場的博物館商店營運。相關業務，如曾在大百貨公司開闢博物館商店，同步推展國內外博物館的衍生產品，就業務與績效而言，頗受同對的重視與觀眾的歡迎。

博物館商店，不是一般生活上的商店，而是針對博物館工作的具體服務項目，也不是以營利為目的（它本屬於非營利事業），當然與做生意不同，但與博物館的專業品質有關，重視到文化產業的多元開發，除了有助於博物館形象的塑造外，更是一個國家、社會發達程度的標竿，臺灣博物館商店是一項事業、一項專業，也是一項產業，如何僅以合作社法來詮釋它的功能呢？

## 五、博物館文創產業的功能

前述博物館商品設置的必然條件，說明博物館除了原有公益性營運方式外，國際展開博物館文化創意產業正是旺盛發展時期。除了可以引發大批的遊客前來觀賞外，正積極開發博物館所擁有的文化精華作為新博物館營運的資源。

除了提供觀光者的視覺感應外，如何把該國或該館的文化體抒發為學習、教育，認同的人類文明價值，則需要有新的理念，新的方法作為營運的方向。好比大型博物館如倫敦大英博物館、紐約大都會博物館，以及北京故宮博物館或臺北故宮博物院等等都可感受到新時代，新視野影響下的營運方式，除了大批觀眾的參觀外，文化要素中的美學價值、傳達等要素，事實上是博物館宜重視的焦點。

換言之，博物館更大的功能，在於傳統功效增強外，作為文化創意產業，已然是重要的課題，因為博物館蘊育的文化性質，具有歷史、社會、藝術、生活的直接功能，從中擷取文化精華提供現實生活的價值認同。因此，如何將博物館的「藏品」成為

「產品」，則需要一份理念、一個行動，以及一項事業。

　　理念已如前述，亦即博物館是大眾生活品質提升的根源，以學習對象，它不是被動的擺設，而是主動的闡述，藏品的意義與張力，必需積極開發新的情智層面的深度、廣度；行動是執行力，除了門票外，我們是否準備足夠藏品成為產品，提供民眾生活的需要，包括衣、食、住、行、育、樂的物品再生，以及作文化品味的提升，如何有效把這些「產品」加溫，促發文化創意的機能。換言之，創造新的價值就有豐盛的產值，正符合當前文化創意產業的行動。

　　那麼博物館文創產的行動，應該加入當代設計方法、行銷技術，應有績效管理作為文創產行動的開端，並提出更方便、更有效的營運方式，以增加銷售、擴大服務的範圍。其必以非營利中公益行銷，讓觀眾「擁有」文創產品的策略，都可以提高博物館的服務機能，增進博物館的財務收入。

　　博物館的文創產業是國際社會都寄望的文化體，它不僅具有文化組成要素，也是文創意產值的根源，國際間正在發展「文化創意產業」運動，或許我可以暫且不去討論它的應用方式，但博物館以及博物館藏品則是文創意重要的指標。

# 六、小結

　　博物館現實在於物件誠為博物館化的價值所在，博物館商店乃是博物館現實演化的一環。博物館商店則是文創的標記，它是公益性、教育性，但也是現實性與生活性的基地。

　　當國際博物館商店成為博物館營運的策略與方法之後，我們審視博物館營運的成功，必然在精確的博物館功能上，有深度的研究，將成果轉入可知可感的文件時，博物館商店因應而生，並且在半世紀以來廣受博物館經營者、管理者的尊重與應用，可在行銷方法得到更為活潑生動的推展，同時在經費籌措上或專業的充實方面，都能提供不少的助力。

　　諸如臺灣近二十年來，有幾個著名的大型展覽，如：「羅丹雕塑展」、「黃金印象特展」、「兵馬俑──秦文化特展」、「達文西教育展」、「米索不達米亞展」等等，不僅是策展者的用心，博物館商店的精心設計衍生品，更是活化展品的泉源，使每件文物都具有生命與文化的意義，讓觀眾不論有形或無形的收穫，滿懷愉悅，尤其衍生品可攜帶回家，更增強文化產業的價值。

　　臺灣要發展文化產業，必須在文化景點上著力，這門文化景點絕對是在博物館的專業上。誠如前英國文化部長克里斯・史密斯（Chris Smith）所道，文化創意產業定義的三個特質。一、這個產業的原物料是人──人的心智、技術、靈感。其次，這個產業包含如建築、出版、電影、音樂、設計、電腦軟體、電玩遊戲、表演藝術等，其經濟價值來自於具有豐富想像力的個人。第三，文化創意產業的產品，不一定是可見可觸碰的物體，而是使我們感到興奮、深受感動，或是娛樂、吸引我們的一個「東西」。在文化創意產業中，資產不是來自大地，而是來自頭腦。〔註13〕博物館商店就是此項專業的再生力量。當我們看到國際上以博物館零售產業與一般觀眾互動時，它的服務層面顯然需要品

質，也需要提倡。[註14]

　　嚴肅地面對博物館商店時，我們都知道「博物館零售產業是世界經濟中的一個獨特面向」，緊緊結合了珍貴文化機構和產業的使命，透過仔細選擇的商品來教育大眾，讓博物館商店在整個零售產業中占有崇高的地位。博物館商店有公眾責任，要提升品質水準，提供不證自明的誠實商譽，在顧客服務和專業知識方面也必須有高度水準，這些要素讓博物館零售產業獲得敬重，並鞏固產業未來的發展。若博物館作為文化產業的核心，博物館商店制度的建立刻不容緩。我們深信有了健全的博物館商店，確能活化博物館，更能增其營運的競爭力。

（本文為 2013 年應邀在北京故宮博物館文創產研討會講稿）

---

註 1 ：筆者於紐約現代美術館參訪時，對於該館博物館商店有甚多的考察。對其空間、動線的重視規劃印象深刻，除了展覽場靈活設計外，博物館商店更注意到對人性的尊重與產品開發的創意性，使購買者有更方便的位置與交易方式。

註 2 ：McNama, S., 2005. Looking Forward: Looking Back, Museum Store, SPRING, pp. 24-30.

註 3 ：同註 2。

註 4 ：同註 2。

註 5 ：哈比（Gretchen Hobby）曾任佛羅里達梅特蘭（Maitland）藝術中心經理與採購員，也是 1980 年代初 MSA 的第 1 份刊物的創辦人。

註 6 ：同註 2。

註 7 ：同註 2。

註 8 ：MSA Museum Members, 2005. Ethics at Work: Flexible Scheduling for All？Museum Store, SPRING, pp. 16-17.

註 9 ：張婉真著，2005，《論博物館學》，典藏藝術家庭，頁 54。

註 10 ：重點有三：博物館專業人才的培養，來自國內外大學、研究所相關科系；舉辦特考以專長與行政作為館長、館員任職的憑藉；配合經濟發展，鼓勵創作並開始有計畫的典藏文物。

註 11 ：同註 2。

註 12 ：博物館商店協會總部設在美國科羅拉多州丹佛市，目前有 1600 多個會員和 800 個分會。

註 13 ：參見王曉玟採訪，2006，〈創意來自感動力〉，《天下雜誌》，339 期，頁 24-26。

註 14 ：有關文化產業，以博物館為文化觀光中心，當另文詳述。然它的核心依然可應用博物館商店作為營運的主軸。

# ［附錄二］
# 產學合作教育與實踐

## 一、前言

　　國際間關於「文化創意產業」政策，正如火如荼地展開工作應運，或有些國家並沒有提出明確的口號，但就實質的「創意產業」工程，則有很積極的政策配合，致使一向以文化為品牌的產業正方興未艾。

　　眾所周知，文化創意產業重點在「創意」，也在「產業」，沒有創意哪來產業，不論士農工商之間的產業，要求要有利潤的產值，有產值才能談到文化的問題。因此可以略為解釋「文化」作為「創意產業」，應該著眼於「藝術性」的方法，亦即以工藝、電影、出版或表演藝術為主的命題，事實上都包含在藝術工作層面上，因而有人把藝術的創作視為文化產業的範圍，大致上沒有注意到「創意本質」其實就有藝術創作思維，以物產物，以人為情思做為行動力量，其要旨就是發現新知識、新感應的喜悅所產生一股新興蓬勃的力量。

　　為迎接社會發展的新興力量，也為了提升生活品質的產業能源，以文化為標的，以創意的多少，作為各項產業產值的指標，

奧地利的塞爾斯城堡，是音樂藝術教育的基地，國際學生均以此地為音樂才能的學習場所，每年吸引觀光客數百萬人次。

國際間在這一主題上的投資正在加重。也可以說文化創意產業，並不限於藝術性的範圍，也可以包含人類生存所依賴的各項產品事業。

或許說除了藝術性外，農業、醫學、科技、宗教、生化、觀光等等文化類項，都在文化創意產業的範疇，所以說凡有關於人類生活的產業都應重視與發揚，它的重點在創意，不只在狹義的藝術品上陳述。

當然本文陳述的重點在於文創產業與教育的關係，也在於文創產業人才培育與應用上如何能發揮效能，必需要各級學校，尤其高等教育所作為，方能帶動文創產業風氣的熱絡。事實上，上世紀之前有關文創產活動早有改革與實施，有很亮麗的成績。諸如日本，明治維新來自西方的實證主義、德國的包浩斯運動、英

國的萬國博覽會中的工業革命生產，乃至西歐國家的富國強兵中有關民生物品，都有文創產的實質產值。

我國的五四運動帶來的倫理、民生、科學本質上也要求文創產業的思考與行動。當下去談此項運動，應該從觀點與實務上要求更為創新的工作重點，才是文化創意產業的新意圖。

## 二、文創產業人才教育

對於這次命題，在這裡所謂的人才教育，是指的各項學校宜有長遠的教學目標作為國家建設人才的尖兵。人才不是天生自來，必需依據時間條件的規則才能達到永續性的發展。

好比自小學開始，培養學生除了知識傳達學習外，戶外教學或實驗作業都得在一致性的課程上討論，要求學生「自學」能力，乃至初中、高中，尤其臺灣過去的職業學校，其要旨在各項各級人才的培育教學，以及實務的專科或科技大學，事實上都著重在專業職業的人才教育。但曾幾何時，社會上以學歷作為用人的基準考量：「人才」是社會普遍可應用的實體，現只剩下喊口號，而失去行動力的泛泛人力出現，這種現象，不只是「文化創意產業」人才的不足，也是社會上所謂失業率上升的原因。

學非所用，或學而不能致用，都是社會的負擔，雖然學者專家都明白學校並非為就業而設立，但學生畢業即失業的問題出現時，必然引發社會不安與國力消失的憂慮。基於此項問題，國際間也注意到從高中畢業前後，宜有性向分班的就學與就業的選擇與考量，包括進入高等教育的一般大學或科技大學的教育目的究竟要如何安排，才達到

學以致用，尤其是「文創產業」人才的培育。

　　進一步說，文創產人才教育，應該是全面性專業。學術研究固然是一般大學的必要條件，但如何在專業上去教育出傑出的人才，並投入文創產事業，相信學習的人才必然對社會有所貢獻，何況標榜為「科技」大學的高等教育，若失去職業性的專業教育，又設立為升上研究所的時候，數年之內會出現無人力可用的現象，加快「只動口不動手」的產業消退速度。

　　當然我們要求文創產業人才教育，並非都指向科技大學的高等學術，而是在相關分項、分工中，如何培育文創產業人才的不同面向，當有幾項考慮，例如：設計人才，策劃人才、行銷人才、製作人才，以及發明人才等等，都不是哪一個大學能夠完全應運的。

　　而我們說文創產業人才的培育，應是在科技類或有關類科的學校作為重點，必須要在人才教育上有所規則與實施，方能達到預期效果。好比政府在近年內投入科技類大學就有新臺幣二百億經費，旨在學校能設立學生的文創產業人才培養課程，其中以產學合作做為給經費的標準，如何有效能提供實質的場所，並負擔未來學校就業的可能，以及國家之需要文創的專業人才，在供需與教育之間，這類某一層次的人才需要都有長期合作課程。

　　科技類中，包括設計部門中的工業設計、平面設計或環境設計，也在一般大學學院開啟學程，專業結合一般大學，如臺灣藝術大學的設計學院、傳播學院就有很好的成效，加強各校間、各院間的橫向聯繫，包括表演、藝術、人文學院學程的串連，有些可以支援科技類大學的文創產人才，似乎是全面啟動人才產業的光源。

　　在這裡要強調文創產業人才教育的實施，除了配合政策釐清社

保存文物是文化的教育基礎，也是作為學術研究的依據。圖為陳中和紀念館前陳列的臺灣糖業第一座小火車機頭。

會的需要，應有幾項要點可供參考。其一，文創產業，可視為「創意」為先，產業為重的文化基礎，不會在藝術品的創作，而是生活需要的項目，能促發新視覺、新感動的產品的人才栽培；其二分別產業的需要與產值的關係，沒有產值哪來產業，沒有產業哪來創業，固此，睥睨寰宇環境的需要產業，應該著重這方面人才的教育；其三，以臺灣的文化環境，以SWOT的現論作為產業發展的科學依據，才以人才的需求實施教育發展；其四，對於曾經參加過國際競賽活動，得列名次或有興趣之學生，實施精能

編按：
SWOT：又稱「優劣勢分析法」、「態勢分析法」，即針對模型的優勢（Strengths）、劣勢（Weakness）、機會（Opportunities）和威脅（Threats）進行分析。

博物館是全民教育的場所，從中學習文化、社會、歷史與藝術發展，且是產學中作為開放觀光的資源。圖為國立故宮博物院一景。

教育，預期或不預期在學校，或由負責單位有系統，有目標的專門課程，使之成鐵成鋼，而不易有如火花一閃，喪失人才得流失；其五，人才之精益求精，必需要有良師引導，以及作為國際行銷觀念，不論請國際名師來校指導或派遣學生國際校外實習，方能促發人才的出現；其六，「學非所用，學而無用」是人才消散的現象，若能結合國家偕同教導技巧，提升產業品質，不僅僅可以增加學習者的興趣，亦可為國、為社會培養生產力。

　　諸此等等都應被列為教育改革與目標，並且實施實務考核，並非只在資料上出現數字的成就，而在實務面上沒有成效，對於文創產業人才的教育是負面的。例如實施產學合作，究竟是在校

內設置產業工作坊或實務廠房，以及設置為學生實施廠房的條件，才算是產學合作，甚至要訂有預期目標的期限精算學習在未來專業能力的程度，才不致淪為不稱職的工作。

文創人才，除了就業能力的學習之外，創意產業源自文化的理念，這項文化的命題，應該是精緻的、歷史的、專業的人文精華，換言之藝術美學的教學，更是人才培育為創意產業的開端。

美感產生美學，美學在於人類生活是一種價值，包括視覺的愉悅，與精神的滿足所產的生命依藉，也是文化創意產業的核心。美是什麼？從生理的需要開始，具有實用的理念與工具為首要條件：美是滿足，由生理到心理，以及前述的價值認定，但也是視覺引發的愉快，包括巧思妙想而產生共鳴的物象，被震懾或為意象時，就是美的感應。美是感動，包括人類的喜、怒、哀、樂或一項震撼。這也不是視覺或心理可以常態思索與應用的對象，而是引發更多的聯想與討論的物象，無關現實生活的原有價值與條件，因此，著之於文創產業恐怕得有更廣泛的討論，其中文創產業人才的釐清與培育，應該在美之感知中加入反省的要素，方得創意再生的可能。

文化創意人才的培育是全面的、一貫的，也是人類生活品質提升的持續工作。

# 三、文創產業教學組織

文化創意產業可分為文化產業與創意產業兩部分，產業是成果，也是生產力，包括產值的呈現。文化偏指藝術性成分，創意則是各類藝術的目的，例如創造力或發明力的要求。文化、創意二者

合為產業，則有教學與實踐的意涵。例如以電影製作為文化創意產業時，文學、藝術、表演或科技的結合，除了挹注的人文素養外，包括導演、演員、技術人員中，如何在成本與利潤之間有所計畫，並能產生預期的效果，是文創產業教學的長期工作。

文創產業教學雖然獲得教育單位的支持，而文化部也大力宣導其中政策法規實施，事實上都應該在產值上要求一項立即性的成長指教，這項重要工作屬於經濟部的工作規範。

因此，當前的文創產業教學規則，事實上有三個層面在應用，其一是經濟部的育成中心計畫，在預算與教學之間，以育成人才、廠商抉擇為重點，由大學教師組成顧問團，實施輔導廠商以即將畢業學生為對象，結合公司展現專業能量，促發教學成效；其二是教育部輔導文創產專業的人才培育，補助在學校實施文化創意產業的教學方案，成果在學生第二專長培育，以利畢業即就業方案；其三是文化部的育成補助專案，在學校申請文創產教學專案，除了學校行政所需經費外，以廠商專業交導學生為重，給予充足經費的挹注例如臺藝大文化產業園區的廠商受此協助，成效亦如育成中心的理想。

除外，各個學校，尤其科技大學或藝術大學，均有品牌產品的製作，或做為文創產中心組織編制，例如義守大學的文創產公司其規模之大，已是一項學校為主的大型產業，包括設計公司、品牌行銷、時尚衣飾等；又如嘉南藥理大學的醫美產品或食物名產，以及屏東科技大學的生活用品等等文創事業，都列入學校教學與產業組織的範疇，至於名校如臺灣科大、雲林科大的文創產品直接會結合大型文創產的事業中。上述成果不僅僅所列學校的成績，學校中類

似的行政組織遍及臺灣各處。

　　文創產業教學組織，事實上是以教學、研究為重點的教育外，文創產業在教學目標外的一項新措施，也是待開發的一項能量，我們姑且以下列表格作為文創產教學組織的概念。

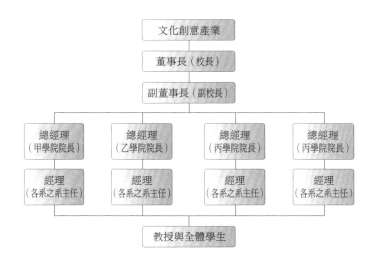

　　此概念或說是實際運作，並不是把學校當成企業體，至少是要有企業的概念才能在文創產業教學上發揮產業功效。尤其科技大學，做產業人才的培育場所，應加入文化創意產業的要素，其產品（人才與創作品）必然能達到極致。

　　此一列項，並非是僅只意念。筆者曾在韓國拜訪一名設計師時，接待大學的系主任說，他同時也是該公司的經理，負責對外包攬設計工程。除了有交代的工作之外，其他的職員學生也是成員之一。問之教學是否會受影響，他說，要加入這個團隊要通過被選拔的條件，至少在三年級以上才能進入實習。再問待遇如何，他說他們仍然以教學為主，但專業產值之利潤除了福利分配

名人故居或工作室都是產學教育的重要場所，除了啟發學習的動機外，作為教育產業有甚大的產能功效。圖為小史特勞斯作曲的場所。

外，教師薪水大多來自公司的營運。以此類推，這項以學校行政組織為基礎的編制，是學校教育及行政的新思維，應運新時代的產業觀念，當是不可避免的工程。如此組織，除了加強行政人員的權責外，學以致用，並可加固努力而有利益補貼，當是鼓勵學者朝向社會服務的機會。

　　除了組織受到重視外，計畫、執行、考核中的「坐而言不如起而行」，對於執行者必得有實質的獎勵制度，此乃企業營運精神益於文創產學教育。

　　臺灣或大陸對於此項概念，或有人早已開始運作實施，但並非每一個人或每一學校一體遍用，必需在環境準備，資源分配，或是學校屬性上尋求文創產業人才培育與教育為重點，才能在有限的條件之下，建立永續經營的立基。例如上述政府對政策的制

度，以大世界的眼光頒布統一的政令，確實實施文創產教育步驟，責成學校專業性、單一性的教學，務使學習者學有所用，這是產業升級的基礎。

依據此項原則，當前作為文創產業教育的行政組織，普遍深入大眾中，例如以電影為中心的產業，以工業設計為主調的產業或以醫學為中心的產業等等作為，學校有過之而無不及。這種現象說明高等教育的文創產業教學應有進一步課程計畫，好為文化創意產業的工作臻於完善立下基礎。

# 四、文創產業教育條件

亦即在文創產人才培育中相關業務的實踐，在於現時設立可行的運徑，在不只是理想，更是行動，務期使人才培育中了解文創產設置的目的與理想，而人才究竟是「人」，非團體物件，所訂定教育層次標準，在於成果驗收的成效。

文化創意產業是現代社會發展重要人才工程，其人才需求孔急，故在人才的培育必需要有殷實的條件，例如在環境評估、資源取得、市場需要、風險評估、分項專長，以及成果計算案都要有益於人才培育的設施，才能在文創產展現燦爛的成果。

1. 環境評估：基於學校性質，屬於學術、教學部分固然不寫大張旗鼓在文創產作業，應是以科技學校、文創產業相關的科系所，必有很好條件配合，例如藥品食品、室內設計、家具陳設，除了社會需求繁多外，應能增強創意美學，則該校必能建之高層次品牌，以及財務是否健全，教授能否認真教學，學校是否有獎勵辦法等條件，都在

環境評估的重點，也是文創產業教育能有成效的原因。

2. **資源取得：**包括有形的經濟挹注，良好健全的經費預算，以及作為行銷的管道或是媒體報導，還有精神層面的知識、品德涵養，是基本的資源，但學校與廠商的關係，與作業人的知能或作為管理、績效的人才配合都是文創產業教育的必要條件，所謂名師出高徒中，師徒制還是通才制，都有不同的資訊反應。應該有的資源絕不能遺漏，才有知己知彼的成效。

3. **市場調查：**亦稱之為市場需求。不論哪一類文創產業的實施，都顯示在市場需求上，物質如此，人才隨之而來，而市場之所以熱絡當知生活的需要，例如飲食文創，因年齡差異，口味調查與習慣，集中在人為的事務上。在廚師人才的教育亦得有專業的修為。市場最貼近生活，也是文創產業必然要事先調查的工作。

4. **風險評估：**包括產業發展趨向、國際道路是否順暢，以及投資報酬率的預設，甚至管理人才的邀請，都要有通才適用的風險評估。應能具備事先保險，事後檢討成效的機制，則有備無患，永保安康。

5. **專項營運：**對於有益於文創產業的某一項專長，必需設置永續經營的機制，才能突顯行銷的特色，易於媒體宣傳，有益品牌建立，例如有人專習法式麵包製作，且能在有口皆碑的法國上得到品牌，這是轉向亮麗的好成績！文創產事業多方，但文創產值卻在某一專項得到成就，除了本身具有高品質的表現外，創意者結合行銷者，與國際網絡的順暢為對象，都需要專業人才也得有先期學習的環境條件方能畢其功。

6. **利潤分享：**這是文創產業教育非常擔心的工作，也是在文創產業中增加產值的目的，在市場需求與利潤所得中的過程，都屬於文創

產教育的重要措施，若沒有得到應有的報酬利潤，便失去產業推廣的意義。在大學的高等教育，追求高深的學問，固然是主要目標，但與社會發展有直接關係的職業教育或稱之為專長教育，若沒有學習動機，將是教育失去深度的時候，因此，本文強調文創產業教學的理由重要明確。

綜合上述意見，高等教育在實施文化創意產業教育時，必然要分隔相關的理念與條件。無論是教育政策的釐清，還是國際發展、社會期盼的事實，各級學校尤其高等教育的領導者應有文創產業教育的概念，才能在以「人」為中心的力量執行，進而衡量資源的分配，爭取更充分的經費或以創意代替傳統的作為，實踐規範、完全所賦予的任務，即為「事」的完整，才可以看出「創意」的成績，當然，除了生活物質在可變與不變中釐清那些部門可發揮文創產業，則需要在「物」的屬性上具有敏感度的分辨。例如婚禮中的服飾、儀式、宴會及攝影留念便涉及很多文創產業的重點工作，在企劃者與當事人之間，是否有很大的空間思考文創產教育作應有的作為呢？

## 五、小結

文化創意產業政策已實施近二十年，對於社會發展已有很大的影響力，只是在邊走邊學之中也發現尚有可精進的地方，也明白國際所謂的「創意產業」名詞更能跨越被限制為藝術形式的「文化財」，給予我們思考的空間。若文化創意產業有文化指導的藝術美形式，包括「文化創意產業展法」中的十五項加一項的範圍，那麼，菁英文化（藝術）的其他文化類別就不是可以說明清楚的；相對來說文化是人類生

活的整體，也是無所不包的人生剪影，傳承古今時，那麼「文化創意產業」就以創意有多少，產業就有多少。任何一項比較有創意的製作，便能促發更廣泛的產值。這項成果就是文創產業的目標。

基於以上的觀念，本文主張文化創意產業應該屬於全體人類生活所需的物質文明所帶動的人文精神。不僅可以「文化就是藝術」的想法去落實「藝術就是創意」或「有創意就有產業」的觀點，來談文化創意產業教育的實施，將有下列說法：

1. 文創產教育對象：決策者、學者、學生與大眾。
2. 文創產教育課程：觀念、選項、經理人、組織力、行動力。
3. 文創產教育條件：資源整合、環境許可、課程規劃、預期成果。
4. 文創產教育任務：品牌行銷、品牌提升、市場需求、利潤分享。
5. 其他的經營管理：顧客服務、資訊傳達、科技應用等等都是文創產業教育的重心。更為重要的是文創產品的人文價值與經濟價值並重。人文是文化底蘊的層次，可提供產品的品質，有品質就有價值。經濟則是生產者與消費者之間互動的結果，當兩者交融在消費者喜愛品項上，就產生藝術美感與價錢論值的現實，文創產業即為國家軟實力的呈現。

文化創意產業與教育，是一項觀念、一項行動，也是學習。當一名政策決定者的執行力，首要在於教育的過程與指引，才能朝向積極有效的目的前進，它不是口號而是一項承諾需在文化內容上尋覓創意資源，發展成為產業鏈的產值，包含綜合成果的融合元素。「實踐，並非說教」管理學者杜拉克 (P. F. Drucker) 如是說。文創產品衍生的價值從理想引發創意時，到如何達成預期目標，學習過程就是人才教育的現場。我們期待人才輩出，文創產價值倍增，進而促發經濟繁榮。

# 後記

　　這一本書原本是為《旺報》撰寫的專欄，但因字限關係，無法在每一講次稍具完整的篇章，所以才有將文字稍微擴大，並力求語意完整。

　　之後，又得到藝術家出版社何政廣先生的鼓勵，整理相關的圖文，使能成書出版。其中有二篇附文是在2014年應邀北京故宮博物院文創處與我在義守大學、大葉大學和佛光大學的講稿，因性質與本書20講的內容相屬，所以得可增加本書的質量，並加強文化創意產業的功效。

　　誠如書文所敍，文化創意產業是社會發展的必要過程，也是一個國家軟實力呈現的標的。兩岸在傳統文化的庇蔭下，就國際社會所發展的產業經營，事實上有諸多的優秀條件，其中文化的深度與廣度，是時尚文化的根源，也得有文化多元性的選擇與發展，好比衣飾的演變，除了剪裁、適合、造型時尚、外來的傳統的編織法或圖像的文化意涵，都將是衣飾品質提升的根據，或為辨別優劣的樣品。餘此，食、衣、住、行、育、樂等生活需要，無不在傳統文化中萃取精華，甚至成就為文化特色的展現與品味。

　　當然，創意是文化創意產業中的主角，有了創意，才有產值，有產值的事業才有價值，這個價值包括了需求、精妙、美感與藝術美的講究，它是在時間上呈現的歷史性、社會性、藝術性與產業性。尤其產業是需要有利潤的，有益於社會發展與永續經營的工程。

　　創意是創新、改變、增強或發明。國際社會均強調創意是國家發展的動力，因為創意教育可能是社會發展中的元素，也是作為各行各業的重點學程。因此才有「創意產業」的研究與發展中心，而不在「文化」名詞上贅句，因為文化是人民生活的整體，只要在創意發揮有益於人類生活者，都是文化創意產業的範疇。

　　基於新時代、新思潮的影響，文化創意產業政策訂定與實施績效，成為國際間競爭力的指標。因此作為中華文化的傳承者以悠久文化內涵作為新世界、新價值的理想，所能實踐的創意產業，正在積極推展中。

　　事實上，誠如前述各項產業中，在臺灣社會發展過程早有文創產業的發展，而且成績斐然。茲舉例一、二，如《藝術家》雜誌社發行數十年，至今仍然是有口皆碑的文化場域的典範，也是社會各界品牌品評藝術文化層次的標竿，受到藝術工作者的信賴，在兩岸藝術出版的品牌亮麗；又如飲食業的「鼎泰豐」，除味美、食安的品質外，其營運方式也成為臺灣飲食類行銷法的範例，其營業額更是蒸蒸日上；再如禮品工藝類的「法藍瓷」工坊，雖然只有二十來年的努力，但因執事者以中華文化的陶瓷文化為基礎，希冀成為新世紀的中國瓷品風華再現，以精緻繁複之美，詮釋中華文化的精粹，產品風行歐美各國，尤其將故宮文物活化的產品設計，是項被稱讚的高級文創產，深受大家的喜愛……。除此文化創意產業，不只是時代的新觀念，也是人類創意生活的要素。它在肯定生命的價值與生活的意義。更是作為國力開發的基礎、社會發展的基石，不論是政策釐定、人才的栽培、環境的準備或是實施的方案，都需要政府與民間充分合作，也得有積極向前的作為，畢竟它要有產業、有利潤、有希望、有未來的工作。

　　在此感謝兩位教育學者對本書的推薦、《旺報》專欄刊出、《藝術家》雜誌社的出版，以及參與朋友的協助。

105.03

國家圖書館出版品預行編目資料

氣韻生動——文化創意產業20講／黃光男著.
--初版.--臺北市：藝術家 2016.4
144面；17×24公分

ISBN 978-986-282-180-0（平裝）

1.文化產業 2.文化研究 3.文集

541.2907                               105005001

# 氣韻生動
## 文化創意產業20講

黃光男／著

發行人　何政廣
總編輯　王庭玫
編　輯　鄭清清
封面設計　張娟如
美　編　吳心如
出版者　藝術家出版社
　　　　台北市金山南路二段165號6樓
　　　　TEL：（02）2371-9692～3
　　　　FAX：（02）2396-5707～8
　　　　郵政劃撥：50035145 藝術家出版社帳戶

總經銷　時報文化出版企業股份有限公司
　　　　桃園市龜山區萬壽路二段351號
　　　　TEL：（02）2306-6842
南部區域代理　台南市西門路一段223巷10弄26號
　　　　TEL：（06）261-7268
　　　　FAX：（06）263-7698

製版印刷　欣佑彩色製版印刷股份有限公司
初　版　2016年4月
再　版　2018年8月
定　價　新臺幣280元

ISBN 978-986-282-180-0 （平裝）

法律顧問　蕭雄淋
版權所有・不准翻印
行政院新聞局出版事業登記證局版台業字第1749號